《暨南外语博士文库》

主　编／宫　齐

副主编／程　倩　廖开洪　蒲若茜　王　琢

U0589218

言的人际调节功能

统功能语言学对汉语的适用性研究

INTERPERSONAL RELATIONS THROUGH LANGUAGE:
ABILITY OF SFL TO THE STUDY OF CHINESE

杨才英　著

中国出版集团

世界图书出版公司

广州·上海·西安·北京

图书在版编目（CIP）数据

语言的人际调节功能／杨才英著. —广州：世界
图书出版广东有限公司，2025.1重印
ISBN 978-7-5192-1814-0

Ⅰ.①语… Ⅱ.①杨… Ⅲ.①汉语–研究 Ⅳ.
①H1

中国版本图书馆 CIP 数据核字（2016）第 215145 号

书　　名　语言的人际调节功能
　　　　　YUYAN DE RENJI TIAOJIE GONGNENG
著　　者　杨才英
责任编辑　程　静
装帧设计　书窗设计
出版发行　世界图书出版广东有限公司
地　　址　广州市新港西路大江冲 25 号
邮　　编　510300
电　　话　020-84451969　84184026
网　　址　http://www.gdst.com.cn
邮　　箱　pub@gdst.com.cn
经　　销　各地新华书店
印　　刷　悦读天下（山东）印务有限公司
开　　本　880mm×1230mm　1/32
印　　张　8
字　　数　200 千字
版　　次　2016 年 11 月第 1 版　2025 年 1 月第 3 次印刷
国际书号　ISBN 978-7-5192-1814-0
定　　价　48.00 元

博士后科学基金资助项目成果
（项目批准号：20080440802）

广东省哲学社会科学规划项目成果
（项目批准号：GD10CWW05）

暨南远航计划 15JNYH002

总　序

　　素有"华侨最高学府"之称的暨南大学创办于1906年，是我国第一所由政府创办的华侨高等学府，是国务院侨办、教育部、广东省共建的"211工程"重点综合性大学，也是目前在全国招收港澳台和海外华人华侨学生最多的高校。"暨南"二字出自《尚书·禹贡》篇："东渐于海，西被于流沙，朔南暨，声教讫于四海。"意即面向南洋，将中华文化远播至五洲四海。

　　暨南大学的前身是1906年清政府创立于南京的暨南学堂。1927年迁至上海，更名为国立暨南大学。抗日战争期间，迁址福建建阳。1946年迁回上海，三年后合并于复旦大学、交通大学等高校。新中国成立后，暨南大学于1958年在广州重建，"文革"期间曾一度停办，1978年复办。1996年6月，暨南大学成为全国面向21世纪重点建设的大学。学校恪守"忠信笃敬"之校训，积极贯彻"面向海外，面向港澳台"的办学方针，建校迄今共培养了来自世界五大洲160多个国家和港澳台地区的各类人才近30余万人。

　　暨南大学外国语学院的前身是创办于1927年的外国语言文学系，历史上曾有许多著名专家、学者在该系任教，如叶公超、梁实秋、钱钟书、许国璋教授等。1978年复办后，外语系在曾昭科、翁显良两位教授的主持下，教学与科研成绩斐然，1981年外国语言文学系获国家第一批硕士学位授予权，成为暨南大学最早拥有硕士授予权的单位之一。当时的英语语言文学硕士点以文学为主、专长翻译，翁显良、曾昭科、张鸾铃、谭时霖、黄均、黄锡祥教授等一大批优秀学者先后担任硕士研究生导师，他们治学严谨，成绩卓著，为我们今天的发展奠定了坚实的基础。

　　如今，外国语学院已拥有专任教师133人，其中教授10人，副教授46人，讲师69人。教授中有博士生导师3人，硕士生导师39人。学院教师中获博士学位者近50人，在读博士近20人。现有英语系、商务英语系、日语系、法语系和大学英语教学部等5个教学单位；有英美文学研究所、应用语言学研究所、跨文化及翻译研究所、日本语言文化研究所及外语教学研究所等5个研究机构。学院现有外国语言文学硕士学位一级学科授权点一个，有英语语言文学、外国语言学及应用语言学、日语语言文学3个二级学科，以及翻译专业硕士（MTI）学位授权点。英语语言文学方向主要为华裔美国文学研究、英美女性文学和后现代文学研究；外国语言学及应用语言学方向以理论语言学、功能语言学和音系学为研究特色；日语语言文学方向侧重现当代日本文学、日中比较文学、日语语言及文化研究；翻译方向从语言学、文学和文化等多个层面探讨翻译理论与实践，突出翻译的实践性。研究生导师大多数具有海外大学或学术机构从事教学、科研、进修的经历。目前，学院教师主持国家社科基金项目9项，教育部、广东省社科规划项目数十项。

《暨南外语博士文库》系列丛书（以下简称《文库》系列丛书）的编纂，主要基于以下目的：首先，是对近十几年来暨南大学外语学科获得博士学位教师研究成果的梳理和总结；其次，为学院的中、青年外语骨干教师搭建展示团队科研成果的平台，以显示学科发展的集群效应；第三，旨在激励更多的暨南外语学人（特别是青年学子）不断进取，勇攀教学、科研的新高峰，再创新辉煌。《文库》系列丛书主要收录了2000年以后我校外语学科博士学位获得者尚未正式出版的博士论文，这些论文均经本人反复修改和校对，再经相关博士生导师的认真审阅和作者本人最终修改后方提交出版社排版付梓。该套丛书涵盖了语言学、外国文学、文化、翻译及其他相关领域，所涉及的语种包括汉语、英语、日语、法语和西班牙语等。《文库》系列丛书的第一辑10部现已出全，第二辑10部正在陆续修改、校对和编排中。

《文库》系列丛书是新一代暨南外语学人孜孜不倦，努力拼搏和进取所取得的研究硕果，是他们宁静致远，潜心治学的象征。这些成果代表了暨南外语学科的进步与发展，预示着我们的希望和未来，也是我们献给暨南大学110周年校庆和外国语学院建院90周年华诞的一份丰厚礼物。

　　《文库》系列丛书的出版分别得到了广东省优势重点学科基金、学校重点学科建设项目和广东省高水平大学建设基金的支持，世界图书出版广东有限公司的编辑在丛书的编辑、审校、设计等方面亦付出了大量心血，在此我们一并表示衷心感谢！

编　者
2016 年 11 月 16 日

序

　　杨才英博士是我 2008 年初接收的第一个博士后。记得 2007 年底她来广州中山大学面试时，我刚好在北京大有庄中央党校参加由中组部、中宣部、中央党校、教育部、解放军总政治部联合举办的高校哲学社会科学教学科研骨干研修班学习，她的面试是我委托学院其他教授做的。我答应招收她，是因为我之前读过她的一些文章，而且于 2006 年受邀组稿《英语研究》时，编辑过她的《新闻访谈中的人际商讨性研究》一文，给我留下了很好的印象，也知道她硕士和博士都是跟着张德禄教授的，系统功能语言学理论知识比较扎实，博士毕业后在中国海洋大学外国语学院当教师。

　　2008 年 3 月，才英从青岛中国海洋大学来到了广州从事博士后研究。在初拟选题时，她给了我两个题目让我提意见：一个是系统功能语言学对汉语的适用性研究，另一个是运用系统功能语言学理论研究中小学教材的语言特点。经过商讨，我建议她选择前者。这是因为，我认为用系统功能语言学理论来研究汉语更具有挑战性，也更有原创性。我在《中国的系统功能语言学研究：发展与展望》一文（载庄智象主编：《中国外语教育发展战略论坛》，上海：上海外语教育出版社，2009 年，第 585—619 页）中指出，我国的外语界的很多研究缺乏原创性和本土化。中国的系统功能语言学研究要有原创性和本土化，至少可以从三个方面入手；其中一个是用该理论研究汉语，对汉语语言的特点进行系统、全面的描述和阐释，以此建立起一个完整和系统的综合分析框架。

　　才英接受我的建议，马上着手从这个方面开始研究，这样她两年的博士后研究也就比较顺利，最终以优良的成绩顺利走出中山大学博士后流动站；也是因为有了这两年的研究，才有了现在这本专著——《语言的人际调节功能：系统功能语言学对汉语的适用性研究》。才英的这本书主要基于系统功能语言学，从语言的人际功能入手，探讨了其对汉语的适用性研究。本书主要聚焦于汉语的人际功能语法体现，研究内容涵盖汉语单位的划分、汉语语气结构和语气系统、汉语极性和情态、汉语评估系统（句末助词）和汉语接续语系统。

关于汉语语法单位的划分，作者依据功能思想指出，汉语语法研究"应以意义为中心，而汉语小句（clause）是承载一个完整命题的独立意义单位，它既可以上接复杂小句，又能够下连词组和短语"。因而，汉语语法研究应以小句为基本单位。同英语一样，我们应该使用"小句"这一语法术语来取代传统的"句子（sentence）"作为语法术语，因为"句子是一个书写单位，其意义的模糊性不适合作为语法术语，而小句作为一个语法术语，具有界定上的严谨性"。

该书既有宏观的语法描写，又有微观的深入探讨。如在讨论汉语与其结构和语气系统时，作者集中讨论了汉语感叹句，分析了汉语感叹句的语法特征，归纳了汉语感叹句的四个功能特征：态度的赋予性、心理事实的主观性、经验的逆向性和程度的强烈性。在汉语情态研究部分，作者深入研究了"必须"的语法特征及其主观化发展轨迹。汉语的接续语部分则着重讨论了汉语说讲类接续语和焦点类接续语"X的是"。现代汉语语气词（或被称为句末助词）作为一个相对独立的语法系统，具有其独有的语法和语义特征，主要用来表现说话者的情感态度，因而是人际意义的体现形式之一。作者选取了六个典型语气词"的、呢、吧、啊、吗、嘛"，以信和疑为两端，将其信值量化，对其语义特征做出了合理的解释。

该书的文献综述部分一些内容以"功能语言学与汉语研究"为题发表于我和辛志英教授编辑的《系统功能语言学研究现状和研究趋势》一书（北京：外语教学与研究出版社，2012年）中，胡壮麟教授在该书的代序中（2012：xiv）对才英的研究给予很高的评价，他指出，这一部分是"不可或缺的，因为它是检验作为普通语言学的系统功能语言学的一个重要方面"。而且，"这对于推动和发展具有我国特色的语言理论很有启发"。

本书是较为系统地运用系统功能语言学进行汉语研究的开创之作，既有基于汉语语料事实对系统功能语言学理论的思考和探讨，又有从系统功能语言学视角对汉语特点的挖掘和探析，有助于汉语语言研究的推进和发展。

2007年，杨才英博士出版了专著《新闻访谈中的人际连贯研究》（青岛：中国海洋大学出版社），现在她的第二本专著也要付梓了，真是可喜可贺。这些年才英还在多种外语学刊发表了将近30篇学术论文，其中多篇是研究汉语语言的。才英是勤奋的，积极进取的，也是专注的；一步一个脚印，脚踏实地。从她的论文和专著中，我们分明看到了一个年轻学者在学术征途中的成长和成熟过程。才英告诉过我，她的童年是在纯朴、和睦、融洽的家庭中度过的，生活的艰难锻炼了她自强不息、坚韧不拔的性格，和睦的气氛培养了她虚怀若谷、与人为善的处事风格。正因为如此，我们才看到了面前这位默默耕耘而且硕果累累的学者。

在酝酿写这个序期间（2014年9月），看到才英在"中大外院校友群"发的一条微信，说她正在参加英国加的夫大学举办的第三届语言学暑期工作坊，并做了题为"A Functional Approach to the Translation of Sentence-final Particles in Confucius *Lunyu*"的报告；微信中还附上了她与两位国际知名功能语言学家的合影：一位是我的第二个博士学位的导师 Robin P. Fawcett，另一位是诺丁汉大学的 Margaret Berry。这勾起我对18年前一件事的回忆：1996年1月12日是我在加的夫大学博士论文答辩的日子，那天 Berry 是三位答辩委员中唯一的校外专家，她对我的论文的评论、意见和建议写了10多页纸，一条一条认真向我提问或跟我讨论；印象最深而且最难回答的一个问题是：在我的研究中，理论基础（指导）为什么要选择 Fawcett 的 "加的夫语法" 模式，而不是 M. A. K. Halliday 的 IFG（即 Halliday 的 Introduction to Functional Grammar "悉尼语法"）模式。值得一提的是，在提此问题之前，她向答辩委员会主席 Nick Coupland 提出，要求当时在场旁听的 Fawcett 暂时离场；主席同意后，Fawcett 一声不吭、非常自然地马上离场。Berry 与 Fawcett 是多年的好朋友，但在对待学术问题上，他们都是非常严肃认真的。借写才英的这个序，说说往事，以表对老师的感激之情。

在《论语》中，有这么一节："子曰：'君子食无求饱，居无求安，敏于事而慎于言，就有道而正焉，可谓好学也已。'" 孔子说的是，君子饮食不求饱足，居住不求安逸舒适，做事勤劳敏捷，说话却小心谨慎，接近有德行且学有专长的人来匡正自己，这样就可以算是好学了。这几句话，也可以理解为是在讲治学的态度："食无求饱" 和 "居无求安" 是在讲一个人的心态——虚心好学，"敏于事" 和 "慎于言" 是在讲一个人的行为——认真谨慎，"就有道" 是讲一个人的亲师——尊师敬贤；具备了这三个方面素质，就可以称得上是好学。在这里引用 2000 多年前孔子的话，与才英和各位共勉！

黄国文
中山大学教授、博士生导师
教育部 "长江学者" 特聘教授
2014 年 9 月 19 日

前　言

　　语言的人际意义是对交际者的社会角色和言语角色的体现，我们可以通过对语言人际意义的研究来构建和谐的人际关系。本课题的研究目的之一就是通过探讨汉语的人际语法来阐释语言的角色构建功能，以此构建一个和谐的人际社会，并进一步挖掘汉民族的交际文化特点。另一方面，系统功能语言学的适用性已经在诸多领域得到了证实。同语篇分析、语言教学和翻译研究一样，对语言类型学的研究也是系统功能语言学应用的一个方面。但是，目前尚未出现运用系统功能理论对汉语，特别是汉语语法进行系统、全面、深入的研究。由此，本研究以体现人际意义的汉语语法为突破口，通过基于系统功能语言学的汉语语法研究，验证作为普通语言学的系统功能语言学对汉语研究，特别是汉语语法研究的适用性。

　　具体来说，需要解决以下几个问题。

　　1. 汉语语法中的人际意义体现方式有哪些？它们分别体现什么人际意义？

　　2. 如何识别汉语的语气类型？其判定标准是什么？

　　3. 如何建立汉语的情态系统和评价系统？

　　4. 人际接续语包括哪些？其功能是什么？

　　就研究方法而言，整体来说，本研究是演绎法，即把系统功能理论运用于汉语语法研究，从理论到实践，通过汉语研究这一实践来验证并修正系统功能理论的正确性。而在具体的语言项目研究时，本研究运用归纳法，借助语料库，以自然语言为语料，从实际语言实践中归纳规律。本研究所用语料库有北京大学 CCL、英国

BNC、厦门大学英汉平行语料库以及《结婚十年》、《奋斗》、《我的青春谁做主》等当代小说，必要时的内省语料均得到十人以上汉语为母语者的验证。

本研究共由九个章节组成。第一章是理论概述，论述了作为普通语言学和适用性语言学的系统功能语言学对汉语研究的理论上的可行性。第二章讨论了汉语的成分划分，特别是语法成分，指出，小句应该是语法研究的基本单位。第三章在对人际意义论述的基础上建构了本研究的理论框架。第四、五、六章是对汉语语气结构和汉语语气系统的论述，在对汉语语气结构特点描述的基础上，勾勒了汉语语气系统，其中就汉语感叹句展开了专门的论述，就感叹句的形式特征给出了功能阐释。第七章讨论了汉语的极性和情态，汉语极性应属语气结构，汉语情态表现出一定的主观性倾向。第八章描述了六个主要的汉语语气词的使用语境及其所体现的人际意义，指出，语气词不仅用以区别语气，更主要的是表达了说话者的商讨态度和对交际的一种介入性。第九章大致勾勒了汉语接续语系统，区分了人际接续语和谋篇接续语，人际接续语的运用一方面增强了说话者对话语的"侵入性"，另一方面加强了话语的交际性。最后结语部分对本课题进行了归纳和总结，并指出了研究的不足之处以及今后的研究方向。

研究表明，小句应该取代句子成为语法研究的基本单位，因为，一方面小句可以上联成复杂小句，另一方面可以下由词或词组组成，与邢福义的小句中枢说遥相呼应。其次，汉语，至少较之英语而言，是相对更加主观化的语言，表现为表达说话者态度的语气词的丰富运用以及情态动词的连用。最后，汉语的这种高主观性还表现为说话者对交际的"侵入性"，使得话语的交际性更强。

同时，由于本研究是应用系统功能语言学对汉语语法一种尝试性研究，研究中存在着很多问题与不足。首先，系统功能语言学具有一套不同于传统语言学的术语系统，有时出现同一名称而不同内涵，如何进行语言学术语对接是一个比较棘手的问题。其次，实现人际功能的词汇语法项目除了语气、情态、汉语中的语气词、人际接续语之外，还包括语调、称呼语、语气副词、叹词以及大量的态度词汇，由于本人时间及能力有限，对于后者均未涉及。最后，就本研究所涉及的语气、情态、评估和接续语而言，研究仍有待进一步深入。

目　录

第一章　理论概述

人类不仅通过语言来认识和建构外部物理世界和内心心理世界，还借助语言来构筑并调节人与人之间的关系，可以说，语言是人们之间互动的最为基本和普遍的形式。在语言历史的长期变迁中，沿着概念意义和人际意义的轴线，形成了概念和人际的语法（体现概念意义的语法现象和体现人际意义的语法现象）。本书的研究目的之一就是通过探讨汉语的人际语法来阐释语言的角色构建功能，以此构建一个和谐的人际社会，并进一步挖掘汉民族的交际文化特点。

由 Halliday 创建的系统功能语言学（Systemic Functional Linguistics），经过半个世纪的发展，不仅在语法研究、语篇分析、文体分析、翻译研究、语言教学以及计算机发展等多个领域广泛应用，而且适用于英语、汉语、日语、德语、法语、越南语等多个语言类型。不言而喻，系统功能语言学既是一门普通语言学（a general linguistics）（Cafferel，Martin and Matthiessen 2004）同时也是一门应用性很强的适用语言学（an applicable linguistics）（Halliday 2006）。因而，本书的另一目的则是验证作为普通语言学的系统功能语言学对汉语研究的适用性。

Halliday 的功能语言观不仅受益于中国的汉语语言学传统，更得益于他本人对汉语的细微观察和洞悉。可以说，系统功能理论最初就是作为普通语言学发展的，虽然多数的语言描述是基于英语。对汉语语法作深入而系统的系统功能研究将会为这一普通语言理论提供有力的佐证。

从汉语研究的角度来看，大多数汉语研究的一个弊端就是缺乏系统的理论支撑。本研究以系统功能理论为理论指导，希望能为汉语研究开辟一个新的路径。另一方面，多数语言研究者关注的是人们通过语言对世界的识解，而语言的人际调节功能则往往被忽视，从汉语缺乏对情态和评价系统的研究可略见一斑。因而，本研究以期从系统功能语言学的视角进一步加深对汉语的人际调节功能的认识。

1.1　作为普通语言学的系统功能语言学

如 Cafferel，Martin & Matthiessen（2004：xii）所言，"系统功能语言学之所以是普通语言学是因为它不是建立在基于一种或少数几种语言的描述假设，而是为我们提供识解语言——作为一个符号系统——所需的资源。在普遍理论下发展的语言描述是对特定语言的描述，这种描述根植于自然话语"。

这段话包含理论和描述的关系问题。系统功能理论把语言解释为具有三个层级（意义、词汇语法和语音/书写）和三个元功能（概念功能、人际功能和谋篇功能）的高级符号系统，以此同其他符号系统区别开来。然而，系统功能理论并不区分如英语、汉语、日语等语言变体。而对于这些特定语言的描述，则是系统描述的任务。下面我们从社会符号、系统和功能三个角度来进一步阐释系统功能语言学的基本理论原则。

社会符号视角。从社会符号学的角度解释语言，即从社会而非心理角度诠释语言和意义。语言不仅是存在于社会中的人们之间互动交流的最为基本和普遍的形式，而且还在个人与他人的不断交往过程中而产生。从个体语言发展来看，作为生物个体的人，在其成长过程中，主要通过语言完成其作为"社会中人"的转变。儿童习得语言的过程，也是习得社会规则，即社会化的过程。从语言本身的演变来看，语言之所以呈现为当前状态，是由语言在社会中所承担的功能决定的。社会的变迁必然引发语言的变化，通常首先表现为词汇的更新。简言之，"语言是社会过程的产物"（Halliday 1978）。

系统和结构。语言是一个体现人类行为潜势的意义潜势。人类行为潜势是指人可能实施的行为以及这些行为的可能运作模式；语言的意义潜势是指语言系统中反映人类行为的各种可能性。而体现反映了系统功能语言学的层次思想，语言系统（意义潜势）体现社会语境（行为潜势），而语音/书写系统体现意义系统。如果把语言视为一个三维物体的话，结构是长，系统是宽，层次是高。系统是潜势，结构是系统潜势实例化的结果。层次的看，各个层次之间是体现和被体现的关系，即高一级的层次由低一级的层次来体现，而低一级的层次用以体现高一级的层次。如，语言外的语境由语言的语义层来体现，而语言的词汇语法层来体现语义，物质的声音/文字用以实现词汇语法。此外，语言系统之间的精密阶是不同的，而语法和词汇是处于精密阶的两端、位于同一层次的连续体。

功能与意义。就语言整体来看，语言具有概念、人际和谋篇功能，这是语言的三大元功能，一方面，语言借此来形成和影响人们的概念认知、社会态度和谈话（书写）方式；另一方面，人们借助语言来理解和诠释人类的概念认知、社会态度和谈话/方式。需要说明的是，从语言本身来看，语言具有三大功能，而从更高层次的社会符号角度而言，语言具有概念和人际两大功能，因为谋篇功能用于组织语篇，是语言的组织形式。此外，在功能语法中，功能还表现为某个语法项目在其结构中的作用，如主语的功能是对小句表达的命题/建议负责，如果把语言的元功能叫做大功能的话，我们可以把这种语法功能称为小功能。大小功能都可以用意义来替换，但是功能强调的是其语境意义（大功能的社会语境和小功能的结构语境），而意义则强调其语言系统义（大功能的语言意义系统和小功能的语法意义系统）。所以，我们说，系统功能语言学是从意义（功能）出发，基于语义的语言学理论。

简言之，系统功能语言学的理论原则可以概括为：重视语境、植根话语和聚焦意义。诸多学者已经在这些理论原则的指导下，对不同的语言类型进行了尝试性的探索。《语言类型学》（Cafferel, Martin and Matthiessen 2004）一书涵盖了基于系统功能理论的，对于英语之外的其他九个语种（包括法语、德语、日语、他加禄语Tagalog、汉语、越南语、泰禄固语Telugu、澳洲的一种土著语Pitjantjatjara）的描述，覆盖七个语族，充分反映了系统功能语言学作为一个普遍理论的应用广泛性和可行性。

由此，系统功能语言学是一个与时俱进的普通语言学理论，"重点是从理论上探讨语言的本质，研究语言的共同特点和一般规律"。而且它还是"以解释事实成因为最终理论目标的解释性理论"（黄国文2007a）。同时，系统功能语言学是一门适用性语言学（Halliday 2006）。Halliday称自己的语言学理论为适用语言学而非应用语言学（applicable），是因为"applicable指示一种特定目的，而appliable意味着该理论具有一种可被应用于不同操作背景下的普遍特征"（Halliday 2006）。系统功能语言学在语言教学（Halliday 1964；Shum 2003；张德禄、苗兴伟、李学宁 2005 等）、英语语法分析（黄国文2003；杨炳钧2003；何伟2007 等）、汉语语法分析（杨国文2001；2002 等）、翻译研究（黄国文2006；李发根2007；

司显柱 2007 等）、文体分析（张德禄 1998；2005；申丹 1997；
2002 等）、语篇分析（黄国文 2001；杨才英 2007 等）、智能计算机
（Halliday 2007 等）等领域的广泛应用已经证明了其适用性的广
泛性。

系统功能语言学的普遍性决定了它必定是一门有着广泛应用性
的理论，这种应用的广泛性使它适用于不同领域的研究。因此，我
们可以以系统功能语言学为理论基础从语言类型学的角度进行汉语
语言的描述和功能解释研究，因为语言的结构因其所承担的功能而
获得。一方面，我们可以从一个新的理论视角阐释现代汉语的组成
特点；另一方面，进一步验证作为普遍语言学的系统功能语言学对
汉语研究的适用性。

1.2 系统功能语言学与汉语研究

1.2.1 概述

Halliday 在 1948—1950 期间曾师从罗常培和王力，他在谈及自
己的语言学思想形成过程时曾说；"在中国，罗常培赋予我对一个
印欧语系以外的语系的历时观和见识，王力教授我许多东西，包括
方言学的研究方法、语法的语义基础和中国语言学史"（Halliday
1983：4）。可以说，Halliday 的功能思想是在植根于重视历时考据、
田野调查和语义表达的中国语言学传统这一沃土中，不断地吸收各
种思想营养而发展壮大并成熟起来的。

20 个世纪 80 年代初，刚刚开放的中国曾选送了一批优秀人才
到国外深造，其中很多人曾师从 Halliday，把系统功能理论开创性
地应用于汉语研究。如，胡壮麟（1981，1989，1990/2008，

1994a，1994b）、龙日金（1981，1998）、张德禄（1990/2008，1991，1997，1998，2009a，2009b）、方琰（1989，1990/2008，2001）、朱永生（1985，1996）和欧阳小菁（1987），他们分别研究了汉语的衔接、及物结构、语气结构、主位结构、英汉情态对比以及复句等。

步入21世纪，诸多学者开始明确提出并系统论证系统功能语言学作为一门普通语言学的思想（如Cafferel, Martin & Matthiessen 2004；黄国文2007a）。Cafferel, Martin & Matthiessen（2004：xii）指出，"系统功能语言学之所以是普通语言学是因为它不是建立在基于一种或少数几种语言的描述假设，而是为我们提供识解作为一个符号系统的语言所需的资源。在普遍理论下发展的语言描述是对个别语言的描述，这种描述根植于自然话语"。

这段话阐述了普通语言学与具体语言描述间的理论方法与研究对象关系，语言描述与自然话语间的普遍与具体关系。系统功能语言学理论把所有语言解释为具有三个层级（意义、词汇语法和语音/书写）和三个元功能（概念功能、人际功能和谋篇功能）的高级符号系统，以此把语言与其他非语言符号系统区别开来。然而，系统功能语言学理论并没有从研究对象和描述对象角度区分如英语、汉语、日语等可具体描述的语言个体；相反，这些个别语言都是作为普通语言学理论的系统功能语言学力求研究、描述和分析的对象。换句话说，如同把系统功能理论运用于语篇分析、翻译研究和语言教学一样，对个别语言的描述也是系统功能语言学理论的一种具体而实际的运用。

黄国文（2007a）认为，系统功能理论重点不仅"是从理论上探讨语言的本质，研究语言的共同特点和一般规律"，而且也是"以解释事实成因为最终理论目标的解释性理论"。这就从系统功能理论作为分析性理论和解释性理论角度为论证系统功能语言学当属普通语言学理论奠定了基石。也就是说，从理论上说，以普遍"适用性"为目的的系统功能语言学理论完全适用于描述并解释作为具体语言的汉语。

依据系统功能语言学理论的发展历史，我们把系统功能语言学理论与汉语研究之间的关系分为两个阶段：一是因研究汉语而形成系统功能语言学理论的孕育阶段；二是运用系统功能理论研究汉语的运用阶段。前一阶段主要体现在 Halliday 的早期汉语研究中；后一阶段则体现在 Halliday 以及诸多学者运用系统功能语言学理论对汉语各个方面进行全面细致深入的研究中。

这里我们将以这两个阶段为脉络，粗线条地勾勒功能语言学与汉语研究之间的理论与应用关系。一方面，挖掘 Halliday 早期汉语研究中所孕育的系统思想和功能思想；另一方面，探讨 Halliday 所创立的系统功能语言学理论对于汉语语法、语篇、教学、失语症和音韵学的应用研究。

1.2.2 Halliday 早期汉语研究中的系统功能思想

Halliday 对汉语的研究成果全部被收录在《Halliday 文集》第 8 卷《汉语语言研究》（Halliday 2006/2007）中，既有 Halliday 早期汉语研究中孕育系统功能思想阶段的成果，包括：《〈元朝秘史〉汉译本的语言》（简称《秘史》）（The Language of the Chinese "Secret History of the Mongols" 1959）、《现代汉语动词的时间范畴》（简称《时间范畴》）（"Temporal categories in the modern Chinese verb" 1951）、《现代汉语语法范畴》（简称《语法范畴》）（"Grammatical categories in modern Chinese" 1956）、《珠江三角洲方言的一些词汇语法特征》（简称《方言》）（"Some lexicogrammatical

features of the dialects of the Pearl River Delta" 1950）；也有 Halliday
运用系统功能理论对汉语语音、语法和语篇的应用研究，包括：
《汉语音韵学理论的起源和早期发展》（"The origin and early
development of Chinese phonological theory" 1981）、《北京话音节的
系统解释》（"A systemic interpretation of Peking syllables" 1992）、
《英语和汉语中的语法隐喻》（"Grammatical metaphor in English and
Chinese" 1984）、《英汉语的科学语篇分析》（"Analysis of scientific
texts in English and Chinese" 1993）和《话语的语法基础》（"On the
grammatical foundations of discourse" 2001）。

胡壮麟、朱永生、张德禄（1989）和胡壮麟、朱永生、张德
禄、李战子（2005）曾从理论和研究方法上指出了《秘史》和
《语法范畴》的新颖之处，包括语境分析、"共时"与"历时"的
关系、语法范畴、全面性与效度以及欧洲结构主义的描写。

这里我们重点阐述 Halliday 早期汉语研究中的主要观点及其所
体现出的系统思想和功能思想。

《秘史》主要采用结构主义的描写方法，以中古《元朝秘史》
的语言为研究对象，构建了一个以单位（units）、类（classes）和
功能（functions）三个语法范畴为框架的描写语法体系。而单位分
为书写（graphic）和语言（linguistic）两类。其中，书写单位包
括：章、段、片、字四级；语言单位包括：句子、小句、词、字四
级。类分为句子类（复句/单句）、小句类、词类和字类（自由/粘
着）。其中，小句类包括：自由小句/粘着小句、动词小句/名词小
句、语态/时态/语气，词类则包括：自由词/粘着词、动词/名词/
副词；功能则分为自由小句功能和自由词功能。

《语法范畴》则以描写现代汉语为目的建立了一个以单位
（units）、成分（elements）和类（classes）三个语法范畴为核心的

框架。而单位包括句子、小句、词组（group）、词和字五级单位。成分分成实体成分和修饰成分，分别体现在句子结构、小句结构、词组结构和词结构中。类则分为小句类、词组类和词类。

《时间范畴》以现代汉语动词的时间范畴为研究对象，根据说话者说话时的当下时间为基准，提出了三个一级时制（primary tense）：现在、过去和将来；一级时制可以被修饰从而形成二级时态（secondary tense），二级时态相对于论及的时间来定位动作行为，如现在的过去、过去的过去、将来的过去、二级将来、二级现在或进行等。杨国文（2001）在英汉对比的基础上，认为汉语的复合态不能像英语那样可无限递归，其组合形式被严格的句法语义条件所限制。基于此，在对汉语的态制（aspect）系统描述的基础上，杨国文用有限递归的方式尝试用计算机生成汉语的复合态。

《方言》则主要介绍了方言调查的起因、地点、设计、方式、背景和汉语方言的特点。尤其可贵的是，Halliday 从方言对比的角度考察了北京话、广州话以及珠江三角洲次方言之间的差异，并提出应该根据等语线来描写方言分布的连续性，因为方言分布与地域分界之间并非严格对应。

总的来说，Halliday 早期汉语研究中的系统思想和功能思想的萌芽主要体现在《秘史》和《语法范畴》中。以系统功能语言学理论的整体发展为历史背景，通过比较《秘史》和《语法范畴》的异同，我们可以较为清晰地看到其系统思想和功能思想的发展脉络。

Halliday 的系统思想经历了一个从结构聚合意义向语境概念意义的转化过程。比如：《秘史》和《语法范畴》都提到了"类"这一语法范畴。不过，前者对"类"的附注解释是"系统的"（systemic），而后者却没有附注解释。之所以如此，是因为 Halliday

对"系统"（systems）的界定和使用发生了变化。《秘史》中的语法范畴"类"是基于结构主义的聚合概念而提出来的。当用"系统的"解释"类"时，Halliday 对"系统的"这一词语的理解也是结构主义的。正如 Halliday 认可并转述的 Robins 观点所言："系统（system）是一个聚合结构"（Halliday 2006/2007：41）。换句话说，此时的语法思想主要是借鉴来的结构主义，而其系统思想也属于借鉴来的基于结构和内部形式的聚合思想。而在《语法范畴》中，Halliday 对系统（system）的理解却是基于语境和外部关联的概念思想，正如其所言："系统（systems）应该从语境上而非语法上作为两种语言比较的基础，系统允许对语境条件进行单一表述，而该语境条件可能在不同的语言系统中使用的是不同术语。因为语言间的差异表现在语境范畴的语法体现上，别指望语言间的语法术语有一对一的翻译对应物。"（Halliday 2006/2007：221）语境使其将概念、意义以及外部关联注入到了系统思想中。彭宣维（2007）在《导读》中曾提出："'语法范畴'体现了明确的'系统'思想"。更准确地说，《语法范畴》已经萌发了系统功能语言学理论意义上的系统思想。

Halliday 的功能思想也经历了一个基于结构主义的组合分布向基于经验主义的认知意义的转化过程。《秘史》经常使用"结构的"（structural）来解释作为三大语法范畴之一的"功能"概念，《语法范畴》却取消了"功能"范畴而用术语"成分"（elements）取而代之，也不再使用"结构的"来解释"成分"；但从 Halliday 把"成分"分成实体成分和修饰成分来看，"成分"带有较强的逻辑概念意义。从功能思想的演变看，《秘史》中的功能思想仍然是结构主义的组合分布思想。Halliday 所引述的 Robins 的观点也证实了这一看法："结构属于基于关联成分分布的组合框架"（Halliday

2006/2007：41）。而到了《语法范畴》时，他觉得"功能"已经很难恰当地作为具有较强形式特征的语法范畴了，所以他采用了"成分"。但即使这样，他还不认为"成分"能恰当地表达出"语法范畴"的结构性，因此在后来的《语法理论的范畴》（Halliday 1961）中，他直接采用"结构"来代替"成分"。从这些语法术语的更迭演变中，不难看出，Halliday 已经把"功能"从基于组合和分布的结构主义语法范畴中抽取出来，而注入了认知经验和意义的内涵，这与 Halliday 所主张的意义中心说是一致的。

从语言单位的划分来看，《秘史》是四级：句子、小句、词和字；《语法范畴》是五级：句子、小句、词组、词和字，语言的描写应该在每个语言单位进行逐项穷尽描写。二者的划分都是基于书面语言，后者强调了词组在小句组合中的作用。而在后来的功能语法（Halliday 1985，1994；Halliday &Matthiessen 2004）建构中，Halliday 更多地强调口语的作用，区分了语音单位、语法单位和书写单位。除此之外，他还区分了五级英语语法单位，即小句复合体、小句、词组/短语、词、语素，并建议用小句来取代句子（因为句子是一个书写单位），并把小句作为语法研究的基本单位。

1.2.3 功能理论对汉语音韵和语法的应用研究

如果说，Halliday 早期对汉语的描写研究是在普通语言学理论指导下对个别语言的描写，但是这种描写所采用的方法和理论描写本身就包含着 Halliday 本人对普通语言学的理解，而且他描写的目的是试图归纳能够指导普遍语言描写的一些普遍理论。从《现代汉语语法范畴》到《语法理论的范畴》就是一个有力的佐证。从 20 世纪 60 年代开始，Halliday 构建了从意义入手、以英语为基本语料的系统功能语言学，经历了从句法理论、语法理论，现在已经发展成为一个逐渐成熟的普通语言学理论，被运用于语篇分析、文体学、翻译研究、语言教学和个别语言描写等各个方面，验证了其作为适用性语言学的强大生命力。

由于大多外语学者缺少有素的语音训练，对汉语语音的研究除了 Halliday（1981，1992）本人的两篇文章，几乎无人涉及。前者是对汉语音韵学理论的起源和早期发展的综述，后者是对北京话音节的系统解释。作者将 Firth 的韵律音系学和系统描写法相结合，从语言材料入手来分析现代汉语的音节系统，值得汉语研究者借鉴和推广。

综合运用系统功能理论对汉语进行描述性研究的有胡壮麟等（1989，2005）、McDonald（1992）、Halliday & McDonald（2004）和 Li（2007）。胡壮麟等在引进系统功能语言学理论的同时，创新性地就汉语的概念功能、人际功能和语篇功能进行了简要的描述。McDonald 以教学为目的，勾勒了适用于汉语描写的功能语法，包括经验和信息的小句结构识别、信息结构的组织、三个主要过程（行为、状态和关系）及其环境成分的识别、一些复杂动词词组的识别、包含体（aspect）和相（phase）等语法特征的小句系统的建立。Halliday & McDonald（2004）从语言类型学的视角，突出了汉语自身的特点，认为汉语语气词自成为评估系统（the system of assessment），并在各部分论述之后给出了相应的语篇例示进行分析。Li（2007）的《汉语系统功能语法》是迄今唯一一部对汉语进行比较全面研究的著作，内容包括汉语级阶的划分、经验的识解、句际关系建构、人际关系调节、谋篇构成及语篇形成。但整体看来，综合性研究的不足之处是深入性不足。

下面我们从汉语语法单位和语序、及物性、语气和情态、主位—述位四个专题来论述系统功能语言学是如何被运用于汉语语法研究的。

就汉语语法单位和语序方面，胡壮麟（1990/2008）依据系统功能语法把汉语语法单位分为词素、词、词组/短语、小句和复句（即小句复合体）五级单位。他指出，小句应该取代句子作为一个基本语法单位，分别从语法单位、语法功能和语义功能三个方面阐述了小句的主要特征，并给出了汉语小句系统。胡壮麟建议运用"级转移"来解释传统的主谓短语。讨论了复句的相互关系和逻辑语义关系。在概念的使用上，胡壮麟（1990/2008）认为小句复合体（clause complex）等同于汉语传统的复句概念，因此对于二者不予区分。而王全智（2008）注意到2005版的《系统功能语言学概论》（胡壮麟等2005）用复句取代了1989版的《系统功能语法概论》（胡壮麟等1989）中的小句复合体，并提出了自己的观点，认为小句复合体有别于传统汉语语法的复句，二者不能互换。

McDonald（2004）针对汉语语言学家对汉语语法单位的争论，提出可以从话语组织的角度来看待语法结构。McDonald就现代汉语中话语中的动词性成分从语义逻辑性、主位—述位结构所体现的语篇性、语气结构所体现的人际性、及物结构所体现的经验性进行了多元功能的描述，认为只有这种多元功能的描述才能解决汉语语法结构的矛盾问题。

Halliday & McDonald（2004）认为汉语的语法级阶呈现出独有的特点。首先，对于小句语法而言，汉语的最低级阶应该是词组，而不是词。一方面，这是因为汉语词的内部结构是派生型而不是屈折型；另一方面，语法助词可以被分析为词组的结构（如主从、体）或小句的结构（如体、语气）；其次，各个级阶之间的界限不很明显，如汉语中连续使用动词的联动结构既可以被看作复杂动词词组，又可以被看作复杂小句。

　　黄国文（2007b，2007c）从普通语言学的视角详细论述了功能句法分析中的分级成分以及进行句法分析的目的和原则，区分了表达层和内容层的不同单位。黄国文指出，句法分析的目的是研究形式是怎样体现意义的，并提出了功能导向、多功能性和意义导向的三个分析原则。没有形态变化的汉语在词性变化以及词、词组和短语、小句的划分上存在着界线的模糊性，更需要借助语境的作用。也就是说，语境是进行汉语语法研究不可或缺的依赖环境。其次，汉语语法研究应以意义为中心。汉语小句是承载一个完整命题的独立意义单位，它可以上接复杂小句，下连词组和短语。所以说，小句是进行汉语语法研究的基本单位。同时，小句不同于传统语法的句子，句子是一个书写单位，其意义的模糊性不适合作为语法术语，而小句作为一个语法术语，具有界定上的严谨性。

　　汉语语序在意义的实现上起着很大的作用。胡壮麟（1989）从概念功能、人际功能和谋篇功能的角度基于语义功能讨论了汉语的语序和词序特点。张德禄（1997）则对汉语语序从文化和功能的角度给予了解释。张德禄指出，汉语语序模式通常会遵循前后时间顺序和层级空间顺序的原则，这和中国传统的整体性思维方式相关联。

　　及物系统是对概念意义的实现。Halliday（1985，1994；Halliday & Matthiessen 2004）把及物系统归纳为六大过程，从而为以后学者从宏观理论角度，结合人的社会认知基础，探讨复杂现象背后的普遍原则提供了方法论的指导。周晓康（1990/2008）认为："汉语的及物系统，从微观的角度，研究甚多，但从宏观的角度，讨论较少。"因此，她宏观地讨论了汉语动词所表达的六种主要过程（物质过程、思维过程、关系过程、行为过程、言语过程和存在过程）及其句法—语义特征。龙日金（1998）探讨了汉语及物系统的范围，包括同源、度量、结果、位置、工具和过程，而在传统研究中这些一概被称为谓语宾语。

对汉语的物质过程进行描述的有周晓康（1999）和杨国文（2001b）。前者主要根据过程的参与者数目、性质及其构成，划分了物质过程小句及物性类别，建立了一个语义特征与句法结构相结合、集词汇语法为一体的系统网络，因而可以为这一类小句的计算机生成提供一个以语义为本、辅之以结构的计算语言学模型。后者考察了汉语物质过程中不同类型的宾语的"范围"属性和"目标"属性，给出了它们各自在物质过程系统中的位置，说明了物质过程中"范围"成分与"目标"成分各自在语义上和语法上的特点。其结论能够为设计计算机汉语生成系统提供必要的规则依据。

在对关系过程的描述中，周晓康（1998）依据 Fawcett（1987）的观点，把"李四买了一辆自行车"这类小句归为属有句（possessive），并探讨了现代汉语中带双重语义角色的汉语属有句，为该句型构建了一个以功能为基础并包括体现规则的系统网络。

彭宣维（2004）对现代汉语及物性中的心理过程句作了系统描述。他首先区分了直接编码和隐喻编码两种。直接编码心理过程包括情感、感知和认知三个基本次类。文章指出，各次类之间并不是截然分开，而是有着一定过渡特征的连续统。

此外，杨国文（2002）同样以为汉语计算机处理提供规则依据为目标，基于 150 万字的语料，全面考察并分析了汉语"被"字式在不同种类过程中的使用情况，给出了"被"字式在不同种类的过程中的语法特点，并以此揭示了不同的动词及其连带成分进入"被"字式的潜势和条件。

人工智能对问题的求解是以知识为基础的，而知识是以意义的形式来表述的。因此，系统功能语言学强调的是对自然语言的处理，关注的是语言的意义，尝试从语言的意义来解释语言的认知思维，同时把语言的功能与社会构建相联系。Halliday & Matthiessen（1999）从认知和计算视角，专辟一章比较了英汉语概念意义的异同。可以说，系统功能语言学为自然语言处理提供了一个很好的理论框架。从以上周晓康和杨国文的研究实践来看，系统功能语言学运用于汉语语言生成具有广阔的研究空间。

语气和情态用以实现人际意义，胡壮麟等（1989，2005）通过与英语对比，简略地描写了汉语的语气结构特点。他们指出，汉语没有英语动词的限定成分，因而不存在通过主语与限定成分的省略和配列来表达语气的情况，他们把语气词视为表达语气的主要手段；同时以例示的方式指出汉语也存在情态和意态，并用较多篇幅讨论了汉语的四种语调：升调、降调、降升调和升降调，认为汉语的升降调表达"已知"与"未知"的对立。降调表示"已知"；升调表示"未知"。限于篇幅，胡壮麟等（1989，2005）对汉语语气和情态的描述略显简单，而且在汉语语气的体现方式方面的观点仍存在有待商榷之处，但是为后来的研究者提供了较好的启示和引导作用。

张德禄（1990/2008，1991，1998）结合语境以汉语为例，讨论了角色关系所表现的社会交流中的合意性以及在汉语语法中的语气和情态体现。张德禄把合意的社会交流的总原则概括为：说话者力求突出使对方既受益又受尊重的角色关系。他认为，汉语小句的语气、词汇、语调和及物性模式主要用以体现组成社会过程的交际角色及其关系；词汇语法中的态度或情感性词汇和情态，以及音系系统中的音质、口音、耳语等体现组成社会结构的社会角色及其关系。近年来，张德禄（2009a，2009b）研究了汉语语气系统的特点，并以此揭示了汉语的深层运作规律，即汉语更加注重过程和行为。

胡壮麟（1994）、李淑静（1990）和李淑静、胡壮麟（1990/2008）通过对比英汉疑问语气系统，系统描述了汉语疑问语气的语义功能与体现方式。他们仍把语气词视为语气体现的一个重要体现形式。魏在江（2003）从句法表现形式、语篇标记、情态级别、语调和语境依赖几个方面对比了英汉语语气隐喻。文章提出，语气隐喻可以帮助解决汉语中过于繁琐的语气分类。在系统功能语法的框架下，感叹语气是陈述语气的一种特殊形式。杨才英（2009，2010）系统地描述了汉语中带有形式标记的感叹句系统，并给出了功能阐释：态度的赋予性、心理事实的主观性、经验的逆向性和程度的强烈性。

Halliday 和 McDonald（2004）认识到汉语语气词系统的独立性，认为汉语语气词的主要功能并不是区分语气类型，更大程度上是其评估功能（assessment），即说话者通过语气词对小句的命题或建议表明态度和揭示说话者的介入程度。杨才英（2009）系统地论述了"的、呢、吧、啊、吗、嘛"六个典型句末语气词的人际功能。文章指出，"吗"的完全疑使其成为是非疑问的标志手段之一；"的"因其表达客观判断的特殊结构而获得高度客观确信功能，并在层级上获得焦点强化功能；"吧"具有的半信半疑的中值情态意义使其游离于断定句与疑问句之间，其所表现的商量口吻为听话者提供更大的商讨空间；"呢"的低值主观情态意义使其功能化为非是非疑问的标志之一；"啊"具有情感突出功能；"嘛"在断定句的主观确信功能表现在建议句中具有任性、撒娇等口气缓和功能。

汉语情态系统是一个相对封闭的系统，主要由情态助动词和情态副词来担当，但由于作为孤立语的汉语没有形态变化，情态副词和情态助动词之间的界限有时难以划定。另一方面，一个情态助动词往往表达多个意义，因此在系统的建立上存在着操作上的困难。朱永生（1996）在系统功能语言学的框架下研究了汉语情态助动词，并与英语情态系统进行了比较。朱永生的研究对汉语情态研究具有一定的启示性，但缺乏系统性。魏在江（2008，2009）从情态隐喻句式的非一致式、英语情态动词与汉语能愿动词、名词化与及物过程的转换、情态隐喻与情态的主客观取向系统、情态的三级量值等几个方面进行英汉语情态隐喻对比研究。文章认为，同样功能的情态隐喻在英语中更多采用形合手段，因而更为清晰；而汉语更多采用词汇意合手段，因而颇为模糊。文章指出，情态隐喻概念的提出可以扩大情态所涵盖的范围，并丰富情态研究的内容。

Halliday（1985，1994；Halliday & Matthiessen 2004）所构建的情态系统具有语言类型学上的普遍性，因而可以以此为框架来描述汉语情态系统。但是，由于汉语语气实现手段的多样性和不对称性，至今难以对陈述语气、疑问语气和祈使语气给出一个统一可信的入列条件。因此，由于汉语自身的意合性特点，对汉语情态系统的描述仍有待进一步深入。

主位—述位结构是实现谋篇意义的语法手段。方琰（1989，1990/2008，2001）对汉语主位—述位结构的论述最为全面和深入。她指出，主位—述位结构是汉语的一个固有特征，汉语句子也可按语义划分为主位和述位两个部分；在 SVO 与 SOV 句型中主位与主语重合，成为句子的非标记主位；在其他句型中，宾语或状语，甚至动词都可成为句的主位，成为标记主位。陆丹云（2009）重点讨论了 Tp 小句（"话题凸显"句）的语义潜势和语法构型，构建了汉语主位焦点化的语义网络，在精密度阶上推至三级入列条件，列举了汉语 Tp 小句的 24 类构型。

张伯江、方梅（1996）用主位—述位来描写汉语口语的信息结构，指出，Halliday 对话题（概念）主位、人际主位和篇章（谋篇）主位概念在汉语信息结构的分析中是可资借鉴的。他们比较了叙述体和对话体的主位结构特征。发现，前者一般是主位在前，述位在后；后者常常出现主位后置现象。此外，说话人为了突出所要表达的重要信息，往往采用延缓、停顿、加强语调以及附加语气词等手段。

对汉语主位—述位的论述可归纳为两点。1）应该把体现谋篇意义、表示小句起点的主位与体现人际意义、表示对命题或建议的负责人所充当的主语和体现经验意义的施事等概念区别开来；2）主位概念与吕叔湘的"起语"说法有异曲同工之处（胡壮麟1991），因此，我们认为，主位—述位结构适合于对汉语的描述。

1.2.4 功能理论对汉语语篇、教学和失语症的研究

基于概念意义、人际意义和谋篇意义功能语法的目的就是"为语篇分析构建一个语法体系"（Halliday 1994：XV）。而且，功能语法在语篇分析、文体分析和语言教学等领域的广泛应用也证明了它自身的生命力和多目的应用的"适用性"。下面我们将从汉语语篇研究、汉语教学和汉语失语症三个方面来考察功能理论对于汉语的应用性研究。

汉语语篇研究。在语篇的生成过程中，需要对主位做连续的选择，这种对主位的连续选择就是主位推进或主位进程（thematic progression）。方琰、艾晓霞（1995）分析了新闻报导、物理实验操作过程说明、前言、后记、图书馆简介、名山胜概、菜谱、政府要人发言、议论文及作者简介（类似人物传记）十种不同文体的主位进程模式。她认为，汉语语篇基本遵循主位 1—述位 1（主位2）—述位 2……的主位链推进。彭望衡（1993）分析了朱自清的

《背影》和《荷塘月色》中的主位结构推进，强调了主位结构对语篇连贯的作用。余渭深（2002）使用动态描述的方法，对比分析了汉英学术语类的标记性主位，特别是 CF（Context Frame）标记性主位。文章指出，汉语学术论文中表示物质过程的 CF 标记性主位明显多于英语，而英语中多为表示语篇衔接的 CF 标记性主位。

文献同时显示，有时对主位理解的偏差会导致分析错误，令一些作者的分析结果令人质疑。如于建平、徐学萍（2005）对比分析了英汉科技文摘后发现，汉语多为无主位和无主语推进，把主位和主语混为一谈。琚长珍（2009）在进行汉语社论语篇的主位分析时，把表达时间的环境成分错误归为名词性短语，其结论当然令人怀疑。

汉语语篇分析的另一热点是衔接。胡壮麟（Hu 1981，1994b）较早把衔接理论运用于汉语研究的，扩展了 Halliday 和 Hasan 偏重于语言内部的衔接模式，纳入了及物性结构、主位—述位结构和语篇结构等。朱永生、郑立信、苗兴伟（2001）、夏日光（1998）和冉永平、沈毅、黄萍（1998）进行了英汉衔接手段的对比研究，包括照应、替代、省略、连接、重复、同义词、反义词上下义关系和搭配等。辛斌（1998）分析讨论了"预警情报"中的词汇重复与语篇的组织结构和语篇连贯之间的紧密联系性。

从语篇分析涉及的语体来看，Halliday（1993）分析了英汉语的科学语篇，讨论了符合名词化、名词词组化、名物化和语法隐喻等语言手段对科学知识话语模式的编码，并从社会符号角度给出了合理的解释。

陈晓燕（2006，2007a）以语境理论和会话结构模式为框架，从社会符号的角度对汉语即时通讯语篇的会话结构进行了较为深入的研究。文章把话步（move）和交换（exchange）作为会话结构的基本单位，分析了协商和语气系统。陈晓燕认为，电子语篇是对包括较直接的情景语境和更深层的文化语境在内的社会语境总体网络的投射。

陈晓燕（2007b）还在评价系统的理论框架内分析了 10 个英汉社论语篇中态度资源的分布特征。研究发现，英汉语篇中评判资源和社会评价方面的鉴赏资源都较为丰富，但英语语篇态度意义的表达比汉语语篇更隐蔽、更富策略性和技巧性。

王振华（2006）运用元功能理论和评价系统，对比分析了法定"自首"和一个个案中的所谓的"自首"，说明了语言学对司法解释的意义。傅瑛（2007）分析了中国民事审判语篇的及物性系统，统计了审判中动词过程的整体分布以及审判不同阶段的动词过程分布，并从社会符号的角度给出了解释。李诗芳（2007）以 14 场公开的法庭刑事审判现场录音转写话语为语料，描写并解释了法庭话语的人际意义及实现形式。李祥云（2009）通过对离婚诉讼话语的会话结构分析和评价词汇分析，揭示了离婚官司中性别权利的不平等，呼吁实行调审分离制度。

此外，不少学者从英汉翻译的角度分析了汉语典籍的语篇特点及（汉英）翻译技巧（见陈旸 2010）。

可见，系统功能语言学理论已经被广泛运用于汉语语篇分析。无论是传统的主位推进和过程模式，还是新近发展的语类结构和评价系统，都已经被运用于不同的语体分析。一方面，它可以有助于我们更好地理解语篇、解读作品；另一方面，它可以从各个层次（上至文化语境和情景语境，下至词汇语法的选择）对我们的写作过程提供指导。

汉语教学研究。系统功能语言学作为一门适用语言学在 ESL 中的成功运用已经证明了其强大的生命力，基于其理论而创建的交际法也被广大二语习得教师运用于教学实践。随着对外汉语教学的发展，越来越多的教师开始尝试将系统功能语言学理论运用于对外汉语教学研究，如徐晶凝（1998）在区分语言功能和言语功能的基础上，讨论了基于功能语法的汉语交际语法。文章认为，汉语交际语法教材的编写要完全以功能为纲，打破传统语法结构的系统性与难易顺序，一切从实际交际需要出发。贺文丽（2004）讨论了系统功能语言学的文化语境、情景语境和社会符号观理念在对外汉语语篇分析教学中的作用。关执印（2010）讨论了系统理论、语域理论和元功能理论对对外汉语教学的启示。杨念文（2007）运用语篇功能中的主位结构、信息结构、衔接和语域几个方面尝试性地分析了汉语教学中系统功能语法的运用。

以上论文虽然在理论的运用上略显粗糙，但其在教学实践中的效果却非常明显。这块处女地仍需要学者们去开垦和挖掘，更需要理论上的升华。

汉语失语症研究。吴克蓉（2008）和吴克蓉等（2008）以系统功能语言学理论为框架，从语篇角度就操粤语这一汉语方言的失语症患者的语言现象进行了开创性的研究，其研究的关注点主要集中在及物和衔接两个方面。就及物系统而言，他们考察了名词词组的词组过简化、错语、新造语、物指的直白程度以及词组的复杂程度；统计了所有动词的异现率和平均词频，并对构成及物过程的核心动词按照类型予以分类。在衔接链的研究方面，他们比较了患者与常人使用的连接关系、相邻对、延续关系等有机关系衔接的异同。

吴克蓉等的研究填补了以系统功能语言学理论为指导、面向语篇的汉语失语症研究的空白。由于他们的研究更加关注患者仍然保留的语言表达技能，因而能为患者的语言评估和康复治疗带来一定的启示，从而为将来的语言评估和康复治疗提供依据。

1.2.5 系统功能语言学对汉语的适用性

以上我们从三个方面论述了系统功能语言学与汉语研究的关系脉络：Halliday 早期汉语研究中的语法思想发展轨迹、系统功能语言学对汉语音韵和语法的应用性研究以及系统功能语言学在汉语语篇分析、汉语教学和汉语失语症中的运用。

从中国语言研究传统对系统功能语言学的影响来看，Halliday 早年师从罗常培和王力，20 世纪 40 年代后期在珠江三角洲一带从事当地方言的田野调查工作，并在 1950 年发表《珠江三角洲方言的一些词汇语法特征》（见 Halliday 2007）。其博士论文题目为《〈元朝秘史〉汉译本的语言》（见 Halliday 2007），涉及《元朝秘史》的文本、论文的分析方法、语境化原则、版本格式、文字及语言、语法分析、词项分析、语音及标音等，介绍了语法单位的切分、语法范畴的确立以及语境化原则的重要性。1956 年的《现代汉语语法范畴》（同上）在其博士论文的基础上作了进一步的理论概括，为现代汉语拟定了一个分析模式。可以说，Halliday 对语言的洞悉源于对汉语的研究，而且他能够顺利地完成从汉语到英语的研究转型也得益于他的普通语言学理念。其后来发展的系统功能理论能够成为普通语言学的指导原则也就不足为怪了。需要强调的是，Halliday 从来没有放弃对汉语的研究兴趣，《英语和汉语中的语法隐喻》（同上）、《英汉语的科学语篇分析》（同上）、《话语的语法基础》（同上）都涉及英汉对比。

胡壮麟（1991）曾就"王力和韩礼德的与普通语言学有关的学术观点，而且是见识相同之点"，从语言观、研究方法、衔接理论与语法范畴四个方面做过粗线条的勾勒，提出了一些值得探讨的问题。无疑，中国语言学传统以及汉语言本身在 Halliday 语言学理论建设方面提供了滋养。特别是王力，在语法研究要以语义研究为基础上面，对 Halliday 的影响是本体论和方法论性质的（杨才英、赵春利 2003）。

从汉语自身的特点来看，汉语不同于印欧语等形态丰富的语言，它的一个突出特点是意合性，即词、短语和句子的构成主要依靠构成成分之间的意义关联，而不注重形式标记。而且由于汉语中缺乏必要的形式标志，语境的作用就显得特别突出。对于一些歧义结构只有依靠上下文来理解。如：

(1)a. 我们要学习文件，请帮我们带来。

　　b. 我们要学习文件，没时间陪你了。（萧国政、吴振国 1989）

(1)a 中的"学习文件"是偏正结构，"学习"用于修饰中心词"文件"；而(1)b 中的"学习文件"是动宾结构，"文件"是动词学习的宾语。

鉴于汉语自身的特点，自马氏文通开始的汉语语法研究就与意义和语境研究相关联，如对汉语实词词类的划分主要以意义为依据，而对虚词的划分则取决于其在语境中的功能。正是基于汉语自身特点，吕叔湘（1982）和王力（2000）都从意义和功能入手，写出了影响深远的语法著作。

从系统功能语言学的研究原则来看，如上所述，Halliday 的系统功能语言学是以意义为中心的语言学理论。而语法项目的意义则取决于其所在语言环境中的功能所在。Halliday 在 2006 年提出建立一个适用语言学，而这个适用语言学的中心就是"研究意义"。其长期目标是建立语言的意义发生系统，工作机制是以社会理据来解释和描写意义发生。而且 Halliday（2007）本人对汉语也做了大量的深入研究。

所以说，虽然系统功能语言学最初是以英语研究为主，但是从汉语言的特点以及系统功能语言学的理论基础来看，它必定也适用于汉语研究。那么本研究目标之一就是，运用系统功能语言学通过对汉语本土化的意义研究而对语言研究的全球化有所贡献。

作为普遍语言学的系统功能语言学不仅从中国传统语言学研究中获得了滋养，汉语自身的特点也对理论的建构有所影响，其理论必然会适用于汉语研究。马庆株多次参加系统功能语言学会议（如马庆株1997），他构建的汉语语义功能语法就是在借鉴系统功能语言学的思想上吸纳了结构主义的形式分析特征而形成的（见龙涛、彭爽2005）。

我们在这里想强调一点，中国的系统功能语言学学者从未放弃对汉语的应用研究。他们运用先进的语言学理论，结合自己的汉语母语优势，把及物系统、主位—述位、语气和情态和衔接等概念应用于汉语研究，取得了丰硕的成果。特别提及的是，2009年由清华大学承办的第36届国际系统功能语言学大会开设了一个专门的汉语专题，期间Halliday亲临聆听学者发言并给予中肯意见。我们期望，进入21世纪的中国会有更多的学者为实现系统功能语言学在中国的本土化研究而努力。

1.3　语言的角色构建功能

语言在维系人们的社会交往中起着不可或缺的重要作用，它可以用以表达说话者的态度并调节说话者和听话者之间的商讨性。语言的这一作用被功能语言学家称为人际意义，对人际意义的研究有助于通过语言来构建一个和谐的人际关系。

根据功能语言学的观点，语言之所以呈现当前的面貌，与其所实现的功能密切相关。同时，语言是文化的载体，不同的语言在各自的发展轨迹中都带有本民族的文化烙印。这些文化烙印还会固化在语言的表现形式上，表现为某种语言特有的语法表达形式。本课题的研究目的就是希望通过考察大量的客观语料，来进一步认识语言的人际调节功能在汉语语法发展中的印迹，或者说，汉语语法所体现的人际意义是如何折射出中国人的交际文化特点，从而帮助人们得以成功交际。

交流角色是指人们在交际互动中分别担任的话语角色（speech role），或者是信息的索取者，或者是信息的提供者，或者是命令的发出者，或者是请求的执行者等等。而社会角色包括交流者之间的亲疏关系，地位的平等与否以及所拥有的权位关系。交流角色与社会角色共同构成了话语基调。其中，交流角色主要由言语功能所表达的人际间的意义（inter-personal）实现，而社会角色主要依据说话者的态度所表达的个人意义（personal）特征获得。

在语法词汇层面，语气体现言语功能，情态和评价词汇体现态度。语气的功能在于实现说话者的言语角色。情态概念表达介于肯定和否定之间的可能程度，是说话者对于命题内容或行为实施的主观判断。评价系统涵盖说话者对话语事件的参与程度；爱/恨的情感、好/坏的判断和美/丑的鉴赏以及语言表达中的语力（force）和对信息点的关注度（focus）。

本研究首先将概括介绍汉语语法中的人际意义体现方式及其承载的功能。并论述系统功能语言学下的话语基调、人际功能、语气、情态、评价等相关概念，探讨这三个概念对汉语语法研究的理论接口问题。其次研究汉语语气系统以及汉语语气对交流角色的体现，包括对汉语语气词的研究，对汉语语气结构的研究，以及对汉语语气系统的研究，并试图探寻断定、疑问、祈使和感叹四种典型语气类型的界定原则和界定标准。并探讨汉语情态系统以及对社会角色的体现，讨论汉语情态系统的构成及其功能所在。最后试图构建汉语的评价系统，讨论语气副词和叹词的评价功能。对汉语接续语的研究尚处在起步阶段。本研究将就汉语的人际接续语给予系统研究并以典型示例进行深入研究。

简言之，系统功能语言学是一门普通语言学理论，它可以适用于汉语语法研究，将系统功能语言学应用于汉语语法描述和解释，符合汉语意合性的特点，能够体现汉语自身特点；通过解析语言的人际功能，一方面可以发现汉语言的语言特点，另一方面可以寻踪汉民族文化的交际特征，帮助人们成功交际。

1.4 研究方法及语料

就研究方法而言，单纯地基于感性的研究不是科学研究，如王力（2000：15）所言："语法的规律必须从客观的语言归纳出来的，而且随时随地的观察还不够，必须以一定范围的资料为分析的根据，再随时随地地加以补充，然后能观其全"。Halliday 师承了王力的这一观点，把对真实语料的追寻视为语言研究的客观原则之一。而当代语料库的发展恰好适应了这一要求。本课题研究是基于自然语言和语料库的实证性研究。

全部语料主要来源于词典例句以及三个语料库和一些当代小说，英语的 BNC（British National Corpus）、汉语的 CCL（Center for Chinese Linguistics PKU）、厦门大学麓巍英汉平行语料库进行英汉对比研究，以及《结婚十年》、《我的青春谁做主》（简称《做主》）、《奋斗》等多部小说，以期在客观、穷尽性的调查基础上得出相对科学的结论。语料库的语料都是源于报刊杂志、书籍或日常交谈的真实语料，BNC 是一个容纳 1 亿英语单词的大型英式英语语料库，语料来源时间是 20 世纪后期，其中口语语料占 10%，书面语料占 90%。CCL 拥有现代汉语的字节数为 632,428,846，其中口语有 259,800 个字节。英汉平行语料库主要是由英语原文及其译文组成。内省语料均得到十人以上母语为汉语者的验证。

虽然系统功能理论是以建立普通语言学为其出发点，而且在诸多研究领域的适用性已得到证实。毕竟在语言类型学这一新的领域还缺乏深入而系统的研究。正确而科学的研究方法是保证研究结果的必要条件之一，我们希望我们的研究从正确的理论假设出发，经过客观的语料考证和辩证的结果分析，必然会使相关理论获得螺旋式上升。也就是说，整体来说，本研究是演绎研究，是从理论到实践；但当进行某个具体问题研究时，则采用归纳法，即从实际语言运用中去探寻其规律性。没有理论指导的研究如没有航标的盲目航行，而没有实践基础的研究则如不能入水的旱船，无法检验其性能如何。因此，只有把理论与实践紧密结合，才能使自己的研究既有坚实的基础，又不脱离实际。

1.5　研究目的及研究意义

同语篇分析、语言教学和翻译研究一样，对语言类型学的研究也是系统功能语言学应用的一个方面（Cafferel, Martin and Matthiessen 2004）。如前所述，系统功能语言学的适用性已经在诸多领域得到了证实。而作为一个由 20 世纪 90 年代重新发展的新领域——系统功能语言学视角的语言类型学研究尚处于起步阶段。目前，还没有运用系统功能理论对汉语，特别是汉语语法的系统和深入研究。

因此，理论上讲，本研究希望以体现人际意义的汉语语法为突破口，通过从系统功能语言学的视角对汉语语法的研究，验证作为普通语言学的系统功能语言学对汉语研究，特别是汉语语法研究的适用性。Halliday 的功能语言观不仅受益于中国的汉语语言学传统，更得益于他本人对汉语的细微观察和洞悉。可以说，系统功能理论最初就是作为普通语言学发展的，虽然多数的语言描述是基于英语。那么，对汉语语法作深入而系统的系统功能研究将会为这一普通语言理论提供有力的佐证。

从汉语研究的角度来看，大多数汉语研究的一个弊端就是缺乏系统的理论支撑。本研究以系统功能理论为理论指导，希望能为汉语研究开辟一个新的路径。另一方面，多数语言研究者关注的是人们通过语言对世界的识解，而语言的人际调节功能则往往被忽视。从汉语缺乏对情态和评价系统的研究可略见一斑。因而，本研究以期从系统功能语言学的视角进一步加深对汉语的人际调节功能的认识。

就语言的人际实现功能而言，可供研究的语言项目有很多，我们选择表现人际交流和社会态度的人际意义覆盖下的语气、情态和评价进行汉语的适用性研究。选择人际意义是因为语言的交流功能和态度意义经常为人们所忽略。而系统功能语言学尝试从词汇语法层面来构建人们交际的图景。我们希望从研究人际意义在汉语语法中的体现来探讨功能语言学对汉语语法的适用性。从人际研究的横向发展来看，人际意义的研究多被应用于不同语类的语篇分析，而较少被应用于实际的人际交往。本研究拟从社会交往的视角来探讨语言间的人际互动，以此构建一个和谐的人际关系。

具体来说，需要解决以下几个问题。

1. 汉语语法中的人际意义体现方式有哪些？它们分别体现什么人际意义？

2. 如何识别汉语的语气类型？其判定标准是什么？

3. 如何建立汉语的情态系统和评价系统？

4. 人际接续语包括哪些？其功能是什么？

由于本课题是基于系统功能理论从语言类型学的视角所进行的汉语本体研究。一方面，以系统功能语言学为理论支撑，对汉语中体现人际调节功能的语气、情态、评价及人际接续语作一系统而深入的研究，进一步验证其理论的普遍性和适用性。另一方面，希望从语言类型学的视野能够对汉语研究注入新的活力。

本书由十个章节构成，第一章概述系统功能语言学的一些基本思想以及对汉语研究的适用性。介绍研究方法、目的及意义。并论述系统功能语言学下的话语基调、人际功能、语气、情态、评价等相关概念，探讨这三个概念对汉语语法研究的理论接口问题。如汉语研究中的语气和情态并不完全对应于英语的 mood 和 modality，评价常常在汉语研究中以情绪、情感等术语出现。而且汉语没有屈折语的形态变化，对一些语法范畴的界定也比较模糊。因此，有必要对英汉语法术语进行对接，否则将使读者不知所云。第二章讨论汉语的成分，特别是汉语语法成分，因为这是进行语法分析的必要准备。第三章论述人际意义及其体现的话语基调，并提出基于系统功能语言学的人际意义的研究框架。第四章研究汉语语气系统，包括对汉语语气结构的研究，以及对汉语语气系统的研究，并试图探寻断定、疑问、祈使语气类型的界定原则和界定标准。第五章专门讨论了汉语感叹句的判定标准，对感叹句形式研究质疑的同时，描述并解释了感叹句的语义特征。第六章探讨汉语极性和情态系统，指出汉语极性属于语气结构，讨论了汉语情态系统的构成及其功能所在。第七章讨论了由汉语语气词体现的评估系统，基于语料库分析并探讨了"吗、的、吧、呢、啊、嘛"六个主要语气词的使用环境及其人际意义。第九章论述汉语的人际接续语，对谋篇接续语和人际接续语进行了归纳和示例研究。指出，谋篇接续语的主要功能在于实现话语的持续和连贯，人际接续语实现了交际者对话语的参与性。最后结语部分总结了本课题研究，并指出研究的不足与今后可能的研究方向。

在研究过程中可能遇到的最大问题是系统功能语言学和汉语语法研究的术语对接。系统功能语言学作为一门普通语言学已经形成了一套界定严密的概念范畴。大多概念术语是基于英语的描述，应该如何把相关术语应用于汉语的描述？如果是简单地囿于理论，在汉语中寻找相似于英语的现象，则容易使研究流于肤浅。而如果脱离理论太远，则容易使研究缺失理论支撑。这就要求我们需要在理论术语和语料分析中找到一个合适的平衡点，从而为语言研究的全球化在方法论上有所启示。

第二章　汉语的单位

　　语言成分的划分都是为了说话者说话的便利或听话者理解的便利，很难想象一段完全没有停顿的话语如何被陈述或如何被理解。就书面语而言，有的语言以字母为基本组成单位，如印欧语系的语言，有的则以文字为基本单位，如汉字。从发音角度来看，任何语言都是由音节组成，有的语言是单音节，如汉语、日语，有的语言为多音节，如英语、法语。从意义来讲，语素是语言的最小意义单位，语素组成词，词组成词组，词组组成小句，小句组成复杂小句。

　　下面我们从书写单位、发音单位、语法单位三个方面来讨论汉语的单位是怎样的，并重点论述汉语的语法单位及其特点。

2.1　单位

2.1.1　书写单位

　　英语中的句号是句子的界限，而汉语的句号通常是一个意义单位的结束；英语中的逗号只用于复杂句子内的小句之间，而汉语中的逗号则用于标示口气的停顿，大多用于小句之间，还可以用于小句内部，如"你呀，怎么这么傻。"突出话语的起点——主位。此外，紧缩的复杂小句之间也可以没有逗号，如"不见不散。"所以我们说汉语标点符号的运用主要是为了便于阅读时的停顿，而停顿很大意义上又是由意义决定的。

独立的方块汉字是汉语的最小书写成分，单从书写符号中无法区分词或词组，标点符号用以标示语流停顿（如逗号和句号）或辅以语气或口气（如问号和叹号）。我们来看下面一段对话。

(1) 郎心平：你觉得这么简单？

杨尔：不简单，那是我对她千锤百炼的结果，"风雨彩虹"的核心就是我舍得放手，从不儿女情长，霹雳比一般孩子早熟，自我修复能力比我还强，她习惯自己解决问题，不用管。孩子千万别溺爱，你把她往现实里一推，现实帮你教育她。(《做主》)

以上对话由 96 个汉字，12 个停顿单位组成。

2.1.2 语音单位

汉语语音的最基本特点是，以单音节为基本形式，并以之负载语义。那么表现在书写上就是一个汉字对应于一个音节，因而汉字称为音节文字。

就汉语音节构成来看，汉语音节由声母、韵母和声调构成，其中韵母是汉语音节结构的核心。普通话的 21 个声母中，浊辅音只有 3 个；39 个韵母中包括 10 个单韵母、13 个复韵母和 16 个鼻韵母，这些声母和韵母可组成 405 个音节。汉语是声调语言，即声调可用以区分意义，包括阴、阳、上、去四个声调。

由于现代汉语以清辅音为主，且以元音为主，因此听感上清凉、高扬、舒服、柔和。特别在古代诗歌中表现出的节奏感很强。古汉语中，单音节表义字占绝对优势，而现代汉语趋向于双音节来表达一个独立的意义，如通常不说"桌、虎"，而是"桌子、老虎"。从儿童习得语言的规律来看，儿童常常以语义为单位来习得语言。首先，"妈妈"；其次，"妈妈抱抱"；最后，"妈妈抱抱宝宝"。无论是书写还是语音，其成分构成都是以意义为主体。因此，下面我们以意义为依托讨论语法单位及其语法成分的构成。

2.1.3 语法单位

根据 Halliday（1985/1994），语法单位包括五个级阶：语素、词、词组与短语、小句、复杂小句（句子）。如图2－1所示：

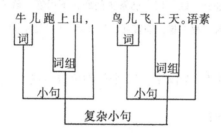

图2－1 汉语语法单位

但同时，Halliday & McDonald（2004）又指出，汉语的语法级阶呈现出独有的特点。首先，对于小句语法而言，汉语的最低级阶应该是词组，而不是词。一方面，这是因为汉语词的内部结构是派生型而不是屈折型；另一方面语法助词可以被分析为词组的结构（如主从、体）或小句的结构（如体、语气）；其次，各个级阶之间的界限不很明显，如汉语中连续使用动词的联动结构既可以被看作复杂动词词组，又可以被看作复杂小句。

这里补充一点，在具有形态变化的语言中，限定性小句是指具有时态和数等形式限定的小句，而非限定性小句是指作用相当于小句、形式上没有限定形式的单位，如英语中的分词短语、不定式短语等。而汉语没有形态变化，因此没有必要区分限定性小句和非限定性小句。

下面我们从小句着眼，来分析作为汉语语法单位的各个级阶的特点。

2.2 小句与句子

传统语法通常把句子（sentence）作为语法的基本单位，而功能语法的基本语法单位是小句（clause）。就主要小句（包含谓语动词的小句）而言，只要包含一个谓语动词即可成为一个小句，如 "John is eager to please" 包含两个小句，"He is eager" 和 "to please"。前者为限定性小句，动词有时态变化；后者为非限定性小句，动词没有时态变化。两个或两个以上小句组成复杂小句（clause complex），复杂小句相当于于传统语法的句子。Halliday（1994：216）认为没有必要把句子做为一个独立的语法范畴，因为句子只是英语书面语中句号之间的一个书写单位。换言之，句子是一个书写成分，而复杂小句才是一个语法成分。

在《剑桥英语语法》中，Huddleston & Pullum（2002）同样建议以小句取代句子来作为句法的一个语法范畴，因为句子在并列结构的句法处理中与小句具有不同的结构特点。其二，如果把句子作为一个语法术语，会因其日常使用中的所获的内涵导致概念的混乱。

汉语中的句子概念更加难以界定，因此，引入小句概念尤其必要。那么，如何来界定汉语小句？小句包括主要小句和次要小句。次要小句或者没有谓语结构或者是固定结构这里不作讨论。主要小句是指包含谓语的小句，谓语是主要小句的核心，我们把是否包含谓语作为判断主要小句的标准。与英语只有动词词组作谓语不同，充当汉语谓语的除动词词组外，还有形容词词组和名词词组，如"路很长"和"今天星期天"中的"很长"和"星期天"。我们把例（1）的复杂小句标注为数字 1、2……把复杂小句中的小句标注为字母 a、b……分析如下：

(1) 郎心平：1 a 你觉得 b/ 这么简单？

　　　杨尔：2 不简单，/3a 那是/b 我对她千锤百炼的结果，4/a "风雨彩虹"的核心就是 b/ 我舍得放手，c/ 从不儿女情长，5/ 霹雳比一般孩子早熟，6/ 自我修复能力比我还强，7a/ 她习惯 b/ 自己解决问题，8/ 不用管。9// 孩子千万别溺爱，10/ 你把她往现实里一推，11/ 现实帮你/ 教育她。

　　汉语的意合性较强，一个复句内部的小句间大多没有连接词，有时一个话段一逗到底。本文尝试从意义入手，把具有明显意义关联的小句整合为一个复句。据此，以上话语被分为 9 个复句，17 个小句。当然，由于这种划分方法部分取决于分析者的直觉与语感，在方法上仍有待商榷。

2.3 词、词组和短语

　　英语中的词是一个独立书写的意义单位，很容易识别。而汉语书写符号的独立单位是字，在汉语言的长期发展中不能与词相对应。一个词可以是一个汉字，如"水、火、土"，也可以由两个或两个以上汉字组成，如"我们、计算机"。汉语词汇多为复合型（compound），书写中词与词之间没有明显的标记或停顿，因而词组与词的界限有时很难界定。比如，"中华人民共和国"是一个词，还是三个词"中华、人民、共和国"组成的词组？

而且，对于有词性形态变化的语言而言，统一词根、不同词性可以依据词缀的屈折变化来进行区分，如"possible-possibly-possibility"。而汉语中同一个形态的词可以在句法中承担不同的功能。如"建设国家、国家建设"。因此，对于汉语是否应该划分词类以及划分词类的标准，语法学家曾进行过专门的讨论。我们从其所承担的句法功能角度，划分了名词性、动词性、副词、助词四大类。

名词性词类包括名词、代词、数词、量词。

动词性词类包括动词、形容词。

副词有语气副词、情状副词。

助词：语气词、助词

英语的形容词归入名词大类，而汉语的形容词归入动词大类（Chao 1968）。

词组，顾名思义，就是词与词的组合，根据中心词的词性以及所承担的句法功能，分为名词词组、动词词组、形容词词组和介词短语。词组都有一个核心，整个组合的凝聚力更强，而介词短语属于离心短语，更接近于小句，而且汉语中的介词如"在、向"等是从动词转换而来。如 Halliday & McDonald（2004：311）所言，汉语小句的直接组成成分是词组，而不是词。因此，我们这里重点讨论词组。

名词性词组是以名词为核心的词组，分为简单名词性词组和复杂名词性词组。汉语中的名词没有后置修饰成分，其修饰成分均在名词之前，这些修饰成分可以是指示词、数词和名量词、形容词、名词、动词和小句。例示如下：

表2-1 汉语名词性词组

指示词	数量词	形容词	名词	动词	小句
那个人	一本书	美丽人生	学校食堂	流淌的血液	绿树环绕的村庄
这棵树	三朵花	智慧的结晶	公司事务	翻滚的浪花	压低了的声音

当名词前有多个修饰语时，其组合及排列顺序通常是：数词＋名量词＋形容词（的）＋（分类）名词＋中心名词。如：一间很宽敞的阶梯教室。形容词和动词通常通过助词"的"名物化为名词，如：脾气大的，资格老的，有背景的。

修饰语与名词中心词的关系是主从（定中）结构。由"和"连接的包含两个或两个以上的名词中心语是并列结构，如：植物和动物、你和我。

动词性词组是以动词为核心的词组，只包含一个动词的动词性词组称为简单动词性词组，包含两个或两个以上动词的动词性词组称为复杂动词性词组。就简单动词性词组而言，它既可以只包含一个纯动词，也可以在动词前添加表达商讨性人际意义的"不、没（有）、别"等否定词、"能、会、该、要、必须、大概、或许"等情态动词或情态副词和"正在"等体副词，以及后接表体（aspect）、型（phase）的"着、了、过、完"等助词或副词、和表情态的"（不）得"等。

我们看一组例示：

表2-2 汉语动词性词组

	否定	情态	体、型
动词前	不去、没去、别去	会去、应该去、一定去、想去	正在去
动词后	买不起	买得起、去不得	去过、去了、走着、吃完

　　复杂动词性词组同样包括主从和并列两种结构，前者如：走上去、可以去，后者如：又跑又跳、边哭边说。

　　形容词性和副词词组的判定需要借助小句环境，如：

　　（2）a. 她很伤心。

　　　　　b. 她伤心地哭着。

　　　　　c. 她哭得很伤心。

　　（2）a 中的伤心具有形容词功能，而（2）b 和（2）c 中的形容词具有修饰动词谓语的副词功能。从结构构成来看，同样可以有主从结构（如：很漂亮、非常熟悉）和并列结构（如：又红又大）之分。

　　介词短语中的介词由动词转化而来，因此介词短语与小句更加接近，其功能通常是对谓语的说明和补充，如：在桌子上（放着）、跟他一起（去）。此外，"把"字和"被"字短语也属于介词短语。从信息流的角度来看，"把"字句把宾语提前，使谓语处于句末新信息的位置，突出了谓语。"被"字句把宾语提到句首主位位置，可以实现语篇主位结构的连贯性。试对比：

　　（3）a. 他拿走了书。

　　　　　b. 他把书拿走了。

　　　　　c. 书被他拿走了。

2.4　语素、音节和汉字

　　语素（morpheme）是最小的音义结合体，是最小的语法单位。从声音实现来看，汉语中的绝大多数语素是单音节的；从书写符号的实现来看，汉语的书写符号为汉字，而汉字是音节文字，即一个汉字对应一个音节。也就是说，汉语的音节与汉字是对应的，即一个单音节语素书写为一个汉字，如人、马、牛、日、月等。少数双音节或多音节语素，则书写为两个或多个汉字，如葡萄、玻璃、唠叨、稀里哗啦等。

但语素、音节、汉字绝不是一一对应关系。例如，根据《现代汉语词典》，"a"，共有四个汉字"啊、阿、腌、錒"。其中汉字"腌"还有另外一个读音"yan"。三者之间的投射关系如表 2 - 3 所示（Li 2007）。

表 2 - 3　音节、语素与汉字

音节		语素			
		相同		不同	
	相同		同字异形	同形不同义	同音异形
	不同	方言差异	同义	同形不同音	
		相同	不同	相同	不同
		汉字			

同音异形（homophone）：普通话有 405 个音节，以及用于区分音位的阴平、阳平、上声、去声四个声调。由于四个声调不一定全部适用于所有音节，因此，根据 Ramsey（1987），汉语仅有将近 1200 个区分音节。而汉字的数量却是 9700 多，也就是说，汉语中绝大多数音节对应不止一个汉字。可见，作为书写符号的汉字不仅承载着中国的千年古代文明，还承担着区别意义的功能。

同形同音不同义（homonym）：汉语中，字典中常以下标阿拉伯数字来分别，如"了$_1$"和"了$_2$"。

同形不同义（homograph）的如，"参"有两个发音，"can"与"shen"。

由于汉语是单音节语言，因而同音异形字颇多，这也注定了用汉字进行区分的必要性。同时中国方言众多，而且方言之间的差别也较大，不亚于两种语言的差别。但是无论是普通话还是方言，它们具有同样的书写符号，汉字。由于发音方面的差异性，相同的汉字在不同的方言中读音也有所差异。因而，汉字在保持中华民族的统一方面起着不可低估的作用。

黄国文（2007b；2007c）详细论述了功能句法分析中的分级成分以及进行句法分析的目的和原则，区分了表达层和内容层的不同单位，指出，句法分析的目的是研究形式是怎样体现意义的，并提出了功能导向、多功能性和意义导向的三个分析原则。没有形态变化的汉语在词性变化以及词、词组和短语、小句的划分上存在着界线的模糊性，更需要借助语境的作用。也就是说，语境是进行汉语语法研究不可或缺的依赖环境。其次，汉语语法研究应以意义为中心，汉语小句是承载一个完整命题的独立意义单位，它可以上接复杂小句，下连词组和短语。所以说，小句是进行汉语语法研究的基本单位。同时，小句不同于传统语法的句子，句子是一个书写单位，其意义的模糊性不适合作为语法术语，而小句作为一个语法术语，具有界定上的严谨性。

第三章　人际功能

　　语言是人们交往最重要的工具。而用于人们交往的语言，不仅会表达说话者的口气、态度，还会揭示说话者的身份以及谈话者之间的亲疏、权势关系。这些反映在语言中就表现为语言的人际意义。所以说，人际意义本质上就是指人与人之间的交流性、对话性和互动性，是指说话者作为言语事件的参与者所表现的交际意图、个人观点、态度、评价以及说话者所展现的与听者之间的角色关系（Halliday1973）。

　　儿童在习得语言概念意义的同时，也会学习用语言来表达自己的情绪，如，中国儿童在 1 岁 11 个月开始会运用语气词"啊、呀"表达请求，用语气副词"才、就"表达不耐烦的情绪。人际意义的习得与人在社会中的角色关系息息相关，这种交际中的角色关系被称为话语基调。

3.1　话语基调

　　话语基调（tenor）是指交际环境中交际双方的角色关系，它与话语范围（field）、话语方式（mode）共同完成语境的构建，分别对应于语言的人际功能、概念功能和谋篇功能（Halliday 1978）。这种角色关系既包含交际者的社会角色，如领导与属下、教师与学生、同事之间、父母对子女等，还包括交际双方动态的交际角色，如提问者、信息提供者、回应者、质疑者等等。社会角色与文化语境中的权势、亲疏等概念相关，相对稳定；交际角色则根据话语的进展，随时变换，与情景语境中的言语角色直接相关。

就社会角色而言，一个人在社会中有着不只一种社会角色，即使在一个机构中。在公司，他既是经理，同时又是老板的雇员；在家里他既是孩子的父亲，又是妻子的丈夫。每个人的社会角色要求他（她）以特定的行为模式来说话、办事；反过来，他（她）的说话、办事的行为模式也会折射出其社会角色。虽然言语方式只是个人行为模式的一个方面，却是极为重要的一个方面。从语言学的角度，个人的言语方式是由其以往经验决定和形成的，因而个人的话语可以折射出其社会角色。

交际角色是指人们在实际交际过程中所担负的言语角色，首先，言语角色可以分为始发者和应答者，始发者就是开始话语的人，而应答者则是对对方话语的回应者。对于提问索取信息的的始发者，应答者可以给予回答，也可以拒答；对于给予信息的始发者，作为应答者的听者可以认可，也可以予以驳回。同样，应答者可以对提供物品与服务的的始发者进行接受或退回，对索取物品与服务的始发者给予执行或拒绝。而随着话语的进展，始发者和应答者的角色会不断地变换。

3.2　语言的人际功能

从起源来看，功能主义的人际思想源于 Malinowski（1923）从人类学角度提出的用以建立或维持社会关系的"寒暄交流"概念（phatic communion），这一概念为认识人际意义奠定了基础。后来，在 Firth（1957）的社会语境思想和王力（2000）的人的心理情绪观念的影响下，Halliday（1978：1—2）提出，语言作为一个共享的意义潜势，既包含对客观经验的认识，又包含对主体间经验的解释（Language is a shared meaning potential, at once both a part of experience and an intersubjective interpretation of experience）。这个主体间就是人与人之间的交流性。

系统功能语言学对人际意义的研究经历了从小句到语篇的认识过程。Halliday（1985；1994）以"交流的小句"为单位，系统地描述了语气系统、情态系统和语调模式对人际意义的体现；此外，还指明了人称系统、态度词汇、叹词（expletives）和音质的人际表达功能。Thompson（2000）把人际意义描述为"小句中的互动"，更加强调言语行为的互动性和商讨性，明确言者的给予即暗含着听者的接受，而言者的要求即包含着对方的给予。

Martin（1992）通过研究以语篇为取向的意义资源，指出语言学应该以语篇语义学为基础，探讨了日常会话的交际结构和言语功能的相互作用中所表现的人际意义的商讨性（negotiation）。他（2000）又提出了主要由词汇的内涵义所体现的言者态度的评价系统理论，以补充 Halliday 的主要由语法体现的语气系统，从而扩展了人际意义的研究范围，并把人际意义的探讨从小句扩展到了语篇。而且就评价系统提出了四个赋值标准：即作者与读者之间通过语篇进行协商的态度类别、情感程度、价值观念形成的途径以及读者的认同程度（Martin 2003）。

后来，李战子（2002：69）在话语的人际意义研究方面拓宽了实现人际意义的语言资源，并构建了以话语为基础的包括微观社会和宏观社会两个层面的人际意义模型。

人际意义在话语中的分布表现为韵律特征，这是由人际意义体现方式的多层面、多角度所决定的。所谓韵律特征是指，实现人际意义的语言资源像韵律一样贯穿于语篇的整个过程中，弥漫于整个语篇中。可以由语言的不同层次多次体现。Martin（1992：11）举了一个例子来说明人际意义的韵律分布："That stupid bloody cretin is really giving me the bloody shits"。在这个表达厌恶情绪的小句中，主语名词词组中的"stupid，bloody，cretin"和表程度的语气副词"really"以及表过程的动词短语中的"the bloody shits"突出了说话者的消极情感。其韵律分布如下所示：

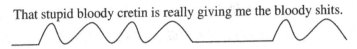

That stupid bloody cretin is really giving me the bloody shits.

由此可见，人际意义的韵律特征使得人际意义能够被线性体现的同时，还能被一些明显的不同层次的语言特征突出并使之强化。

因而，本研究虽然是语法研究，但是是面向语篇的语义语法研究。因为，人际意义通常需要一定的语境才能获得，而语境是通过语篇来创造的。"产生话语的情景绝不能被认为与话语表达无关而被忽视"（Malinowski 1923）。

3.3 语气、情态和评价

3.3.1 语气和情态概念辨析

通常英语的 mood 和汉语的语气对应，modality 和情态对应，但也不尽然，如贺阳（1997）的语气实际上是对应英语的 modality。究其原因，mood 和 modality 在词源上相当接近，这是一对联系紧密而又相互区别的两个概念。因此，我们有必要对这两组概念进行梳理。为避免混淆，英语文献中的 mood 和 modality 将被直接使用，不再翻译。

3.3.1.1 英语研究中的 mood 和 modality

Jespersen（1924：301—321）关于语气和情态的论述集中在话

语分类（Classification of Utterances）和语气（Moods）两部分。他认为 mood 是句法的，不是一个意念（notional）范畴。Mood 用以表达说话者对于句子内容的某种心理态度，尽管在有些情况下 mood 的选择不是由说话者的态度来决定的，而是由小句自身的特点和它所依附的主句的关系（虚拟语气作者注）决定的。Jespersen 区分了三种语气，祈使语气、陈述语气和虚拟语气。祈使语气是一种意愿语气（will-mood），主要用以表达说话者的意愿并以此影响听话者的行为。根据叶氏，祈使实际就是请求，包括最严厉的命令和最谦恭的祈祷。当然祈使并不等同于请求。祈使可以用以表达请求之外的意义，请求也可以用祈使之外的手段来实现。最后他从哲学的情态角度（modality）认为如果没有句法限制，会有很多的语气，并列举了 20 种。由此可以看出，叶氏认为 mood 是一个由动词形式决定的句法范畴。而在话语的分类中，他又指出，如果不考虑句法因素，单纯地就话语给予纯意念的分类，可以依据说话者是否或是否打算对听话者施加影响分为两类。前者不仅包括通常所说的陈述句和感叹句，还包括祝愿表达。后者包括请求和提问。这里，Jespersen 给出的话语分类是纯意念的，可是 mood 又是句法的。分类标准不统一。另外，mood 和话语分类之间是否具有一定的联系呢？Jespersen 并没有给出回答。

Leech & Svartvik（1975：125—177）对语气和情态地描述集中在 Information，reality and belief 和 Mood，emotion and attitude 两部分。第一部分主要讨论了陈述（传递信息）、提问（索取信息）的方式以及人们对信息的态度和信息的现实问题，包括真实性、相信度、可能性和间接言语等。内容包括陈述、提问和答复，信息省略，报告陈述和提问，否认和确认，赞同和反对，事实、假设和中性，可能程度，对真实性的态度。同时，由于语言的交流发生在人们之间，因而常常表达说话者的情感和态度，并且以此来影响听话者的态度和行为。于是，他们又讨论了语气、情感和态度以及表达方式。内容包括言语中的情感加重、情感描述、意志、允许和义务、影响别人、友好交流、呼语。可见 Leech & Svartvik 把 mood 理解为语言所表现的情感和态度。作为一部深受功能语法影响的语法教科书，作者从语言运用的角度对英语语法给予了比较详尽的描述，但是缺乏系统性和理论性，各个语法范畴的层次性也不够清晰。以上两部著作都没有把 modality 作为一个语法或语义范畴提及。

Palmer（1986；2001）把 modality 和时（tense）、体（aspect）并列，认为作为意念范畴的时、体和情态是对话语所报告的事件或情景的描述。时是指事件发生的时间，体是指事件的内在时间组成，而情态是指描述事件的命题的地位。Palmer 首先提出了现实/非现实和断定/非断定两组基本概念，并以此为基础区分了命题情态和事件情态。前者包括认知情态和证据情态，涉及说话者对于命题的真值性和事实地位的态度。与之相对，后者包括责任情态和动态情态，是指没有实现的事件，或没有发生，仅仅是潜在的事件。说话者通过认知情态表达其对命题实现地位的判断，如在 Kate may be at home. 中表达可能性的预测型情态，在 Kate must be at home. 中表达唯一可能的推导型情态，在 Kate will be at home. 中表达推理的假定型情态。而证据情态则表明说话者对于其所持有的命题实现地位的证据，如一般知识、个人的一手经验（通常视觉）、听觉证据、道听途说还是推断所得。责任情态与义务和允许相关，源于外部资源，如法律、法规以及作为权威的说话者；而动态情态则与能力和意愿相关，来自相关个体内部。需要指出的是，Palmer 以小句为单位来讨论 mood 和 modality 的，而且他实际上把 mood 置于

modality 的范畴之下，基于事实和虚拟进行讨论的。虽然避免了传统语法对语气直陈、祈使和虚拟三分法的分类内涵不清，但同时也偏离了传统语法对 mood 的理解。

Halliday（1985；1992；2004）对于 mood 和 modality 有着自己的理解，他认为 mood 实现了小句的交流功能，Modality 的功能是体现社会语境中的说话者的社会角色，如个人态度、社会地位、权势关系等。

Bussmann（2000）认为 mood 是一个语法概念，表达说话者对于话语所描述的事件状态的主观态度。下分直陈（中性范畴）、虚拟（表达非现实状态）和祈使（表达命令）语气。而 modality 是一个语义概念，表达说话者对于句子表达内容的态度。内容不仅涵盖直陈、虚拟和祈使语气，还包括句子类型（陈述、提问、命令）。此外，还包括由动词中表达语气的语素、情态副词（hopefully，maybe）、情态助动词（can，must，may）和其他相关结构（would，have to）表达的情态意义。Richards 等（2000）没有把 modality 设为一个词条，他们对 mood 的解释是：指动词的不同形式，表示说话者或作者对自己所说或所写的内容的态度。有三种不同的语气：陈述语气、祈使语气、虚拟语气。对 modal 的解释是：指表明说话人或作者对另一动词所表达的状态或事件的态度即表示不同类型的情态的任何一个辅助动词。

3.3.1.2 汉语研究中的语气和情态

通过考察梳理以往研究汉语的学者对语气和语气词的研究成果，可以发现，不同的学者对语气概念和语气词范畴的理解和解释不尽相同，因此有必要对语气范畴和语气词给予重新界定。

《马氏文通》的出版开创了汉语语法学的先河，马建忠（1983：323）在虚字卷之九的传信和传疑助字实际上就是关于语气的最早论述。

"字以达意，意之实处，自有动静诸字写之。其虚处，若语气之轻重，口吻之疑似，动静之字无是也，则惟有助字传之。""助字所传语气有二：曰信，曰疑。故助字有传信者，有传疑者。二者固不足以概助字之用，而大较则然矣。传信助字，为'也、矣、耳、已'等字，决辞也。传疑助字，为'乎、哉、耶、欤'等字，诘辞也。"

王力（1985：160）认为："凡语言对于各种情绪的表示方式，叫做语气；表示语气的虚词叫做语气词。"并区分了四大类，十二小类：

确定语气：决定语气（了）　表明语气（的）　夸张语气（呢、罢了）

不定语气：疑问语气（吗、呢）　反诘语气　假设语气　揣测语气

意志语气：祈使语气　催促语气　忍受语气

感叹语气：不平语气　论理语气

此外，根据王力（1985）与语气相关的还有语气末品以及情绪的呼声和意义的呼声。前者即语气副词，后者包括一些叹词和人际接续词。

吕叔湘（1982：257）则把语气分为广义和狭义两种。狭义语气为"概念内容相同的语句，因使用的目的不同所生的分别"。包括与认识有关的直陈和疑问、与行动有关的商量和祈使和与感情有关的感叹、惊讶等。广义的语气还包括语意和语势。语意指"正和反，定和不定，虚和实等等区别"；语势指："说话的轻或重，缓或急"。吕叔湘对于语气的贡献在于使语气词从助词中分离出来，独立为一个词类。不足之处则是，对语气的分类只是感性的，而缺乏

一定的系统性。

胡明扬（1981）对汉语语气的研究是比较系统的，他把语气从内涵上分为三类：一是表情语气，是指说话者由于受周围的事物或对方的说话内容的刺激而产生的某种情感，如赞叹、惊讶、不满等；二是表态语气，是指说话者对自己说话内容的态度，如肯定、不肯定、强调、委婉等；三是表意语气，是指说话者向对方传递的某种讯息，如祈求、命令、提问、追诘、呼唤、应诺等。他对语气表现形式的理解也相当宽泛，不仅涉及语气词，还包括语气副词、叹词和情态成分。值得注意的是，胡明扬（1988）还从形式验证和意义甄别角度提出了如何确定语气助词语气意义的五种方法：1）去掉语气助词；2）去掉或改动其他语气成分；3）改变语调；4）换用语气助词；5）分析整个语气系统。可以说，其语气观点和研究方法对后来学者的影响比较深。

贺阳（1992）的语气明确对应于英语的 modality，是"通过语法形式表达的说话人针对句中命题的主观意识"。他归纳了汉语语气系统，区分了汉语语气系统的三个子系统，功能语气系统、评判语气系统和情感语气系统，并认为三者可以同现在一个句子之中。功能语气表达句子在言语交际中所具有的言语功能，表示说话人使用句子所要达到的某种交际目的。评判语气表示说话人对说话内容的态度、评价或判断。情感语气表示说话人由客观环境或句中命题所引发的情绪或感情。

由于汉语动词没有形式变化，所以很多学者或取语气之内涵"表达说话者的态度"，或根据语气类型的"传信、传疑、行动、感情"之功用，来寻找汉语特有的语气表现形式。汉语的语气不完全等同于西方学者所说的作为语法概念的 mood。西方传统语法中的 modality 是一个"语义概念，表达说话者对于句子表达内容的态度"（Bussmann 2000），尤其受 Palmer 的影响，后来汉语学界很多语气研究者（如：胡明扬、贺阳、齐沪扬、孙汝建、王飞华等）常常把汉语语气和英语广义的 modality[①] 相提并论。可以说，汉语研究中的语气是一个非常宽泛的意义或功能概念，不仅涵盖英语的 mood 和 modality，甚至包括其他虚词所表达的态度情感，基本上等同于系统功能语言学的人际功能。

对情态的最早研究始于逻辑学的"可能"和"必然"的模态命题研究。自 1986 年 Palmer 的《语气和情态》之后，又经过几次国际研讨会讨论，最终确定了情态的语义范畴地位（李战子 2007）。情态一词在汉语语法中有多个所指：1）或称态，表示动作或过程与主体的关系，包括主动态和被动态；2）情态词，表示说话人的意趣、情感或态度，包括（语气）助词和叹词；3）情态动词即能愿动词；4）情态词汇或情态色彩中的情态则等同于感情；5）情态副词，如特地、百般、互相、擅自、亲自、逐步、仍然、当然、毅然、依然、猛然、果然等，不能作状语。

《马氏文通》对能愿动词的表述为："凡动字所以记行也，……有不记行而惟言将动之势者，如'可、足、能、得'等字，则谓之助动，以其常助动字为功也。"（马建忠 1983：177）

"可、足、能、得"等字，助动字也。不直言动字之行，而惟言将动之势，故其后必有动字以续之者，即所以言其所助之行也。（同上：183）

又助动诸字，亦可单用，而无其他动字为续者，盖所助动字已见前文，故不重言也。前文无所助动字而亦单用者，则非助动字

---

① 我们把 Palmer 的 modality 称为广义情态，是为了有别于前面所论述的 Halliday 的狭义情态概念。

矣。(同上：187)

王力（2000）对情态的研究反映在造句法的能愿式（包括可能式和意志式）。可能式是指说话者对于事情的可能性、必然性、必要性等等的判断或推测，用"能、可、必、该"一类的字表示。意志式是指话语中所"参杂"的"主事者的意志"，是对主事者心理的着重，如"欲望、勇气、羞愧"等，用"要、欲、肯、敢"一类的字表示。

吕叔湘（1982）对于情态的论述反映在范畴论中的正反、虚实范畴。吕叔湘的关于可能和必要的论述与否定相关联，可能表示未实现的事情，如可能（能、会），可（好），得，或然，要（足、宜、配、值、敢、肯、忍、欲）；必要包括客观的必要和情理上的必要。前者如得、须、不用、不必，后者如当然（该、宜、应、当）、必然（想必）。

黎锦熙（1992：228—284）所列情态词，表示说话人的意趣、情感或态度，包括（语气）助词和叹词。助词的作用，"用在词句的末尾，表示全句的'语气'"。就语气助词的"思想表达方面归纳一切句子的语气为五类，决定句、商榷句、疑问句、惊叹句和祈使句。"助词在文句之论理的结构上虽无重大的关系，但口语中的表情、示态，全靠把助词运用得合适，才可使所表示的情态贴切、丰美而细腻"。叹词是一种独立的、表泄情感的声音，归纳为五种：1）表惊讶或赞叹，如"啊呀，啊哈，哦哟"；2）表伤感或痛惜，如"哎，唉呀，咳"；3）表欢笑或讥嘲，如"呵呵，哈哈，嘻嘻，好"；4）表愤怒或鄙斥，如"哼，呸，啐"；5）表呼问或应答，如"喂，嗳，啊"。

从以上研究中我们发现不仅英语研究者的 mood 和 modality 不能对应于汉语研究者的语气和情态，而且英语研究者和汉语研究者内部对于这两组概念的理解也是有分歧的。一方面，这是由英汉两种语言的差异性决定的，（汉语属于孤立语，英语是屈折语）另一方面则是由于不同学者的理论参照是不同的。本研究以 Halliday 的系统功能语言学为理论基础，对于语气/mood 和情态/modality 的界定也将遵循 halliday 的定义和区分，即语气用于实现言语功能，从而体现社会语境中的交际角色，是人际间（inter-personal）意义，而情态用于表达作为话语参与者的说话者的态度，从而实现社会语境中的社会角色，是个人（personal）意义。

3.3.2　评价系统

语气和情态都没有涉及说话者的情感态度，于是 Martin 提出了评价理论以扩大人际意义的研究范围。评价系统由态度、介入和层级三个子系统组成，介入是指说话者对话语的参与程度，或对听话者的开放程度，是从语言的开放性讨论情态、引语等语言形式的话语商讨性和对话性。包括单个声音和多个声音。表达单个声音的话语方式几乎没有商讨性，而表达多个声音的话语方式商讨性则较强，而商讨性也有强弱之分。

除了某些词汇语法自身所表达的强弱之外，另有一些词汇语法的主要意义就是表达增强或减弱的层级，对本身具有层级性的形容词和副词而言，层级的概念表示语力（force）的加强或减弱，如英语中的比较级和 very，a little 等，汉语中的比较、最、很、稍微等。而对名词或动词而言，层级则表示对焦点的关注度（focus），包括对焦点的强化和弱化，如英语中的 right，do，汉语中的正是、恰等。

态度系统由情感、判断和鉴赏组成。情感是作为个体的人基于自身心理状态所表现的爱或恨，判断和鉴赏是"情感的制度化"

（institutionalizations of AFFECT），即将个体情感社会化为各种各样的非常识的集体情感。如下图所示：

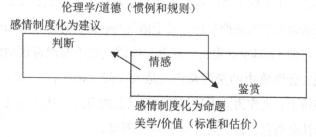

图 3 – 1　判断和鉴赏作为制度化的情感（Martin，2000：147）

情感是心理定位，判断是基于伦理道德的规则和惯例而制度化为建议的感情，是对人的言行所作出的善或恶的区分；鉴赏是基于美学基础上的价值判断而制度化为命题的感情，是对物体形态的美或丑的分辨。评价主体和评价对象来看，情感侧重评价主体的内心感受，判断的评价对象是社会中的人或人的行为，鉴赏是对"物体"的构成或价值的审美品评。判断和鉴赏与社会和文化息息相关，文化不同，其道德规范和审美标准就会有所差异。例如，街头接吻在法国被解读为浪漫的爱情，而中国的儒教文化却认为是有伤风化。现代社会往往推崇"骨感"的美，而在中国唐代却以丰满为美。

对于情感的好恶、爱恨，判断的善恶，以及鉴赏的美丑，是针对态度的积极或消极的倾向性而言。此外，从态度的来源，还可以将态度区分为言者、听者和第三者三类。这样，我们就得到以下的态度系统：

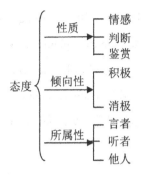

图 3 - 2 态度系统

从人的情感的基本需要来看,情感由情愿性、高兴程度、安全程度和满意程度组成,情愿性表达对将来成功与否的意愿,如 tremble, terrorized, fearful 和 suggest, demand, miss, long for 等表示担心和期望的意愿,表示意愿的情感是非现实性(irrealis)的。高兴程度、安全程度和满意程度则是现实性的(realis),高兴程度指向人的内心,如 laugh/cry, cheerful/sad, embrace/abuse 等,安全感是对周围环境的认同,如 assert/doubt, confident/anxious, comfortable/astonished 等,满意度则是对外部事物的认同度,如 satisfied/bored, curious/furious, yawn/busy 等。

可以从社会评价和社会认可性两方面来看待判断,社会评价判断不包含任何法律内涵,与人的能力(如 powerful, clever, weak, stupid 等)和毅力(brave, resolute, coward, dissulute 等)以及行为常规性(如 average, fashinable, odd, dated 等)相关。社会认可判断与法律有关,包括诚信(如 truthful, credible, dishonest, dccoitful 等)和得体(如 moral, fair, evil, corrupt 等)。由此,社会评价是从个人的角度出发,而社会认可则是从社会交往的角度来看。

可以从反应、结构和价值性三方面来对事物进行鉴赏,反应是指鉴赏客体本身的吸引程度（如：arresting，moving，tedious）或产生吸引程度的特性（如：pretty，plain，ugly），结构可以从平衡性和复杂性两方面看待，平衡性如 harmonious，proportional，distorted 等，复杂性如 complicated，detailed，simplistic 等，价值鉴赏指的是鉴赏客体的价值体现程度，如 innovative，unique，（in）significant 等。

3.4　理论框架

我们把系统功能框架下的人际意义系统描绘如图 3 - 3 所示：

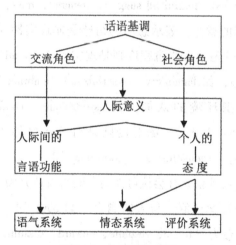

图 3 - 3　人际意义系统

交流角色是指人们在交际互动中分别担任的话语角色（speech role），或者是信息的索取者，或者是信息的提供者，或者是命令的发出者，或者是请求的执行者等等。而社会角色包括交流者之间的亲疏关系，地位的平等与否以及所拥有的权位关系。交流角色与社会角色共同构成了话语基调。其中，交流角色主要由言语功能所表达的人际间（inter-personal）的意义实现，而社会角色主要依据说话者的态度所表达的个人（personal）意义特征获得。两者共同构成人际意义。在语法词汇层面，语气体现言语功能，情态和评价词汇体现态度。

语气的功能在于实现说话者的言语角色。根据交流的内容（信息、物品或服务）和交流的路径（给予或索取），可以分为陈述（给予信息）、提问（索取信息）、提供（给予物品或服务）和命令（索取物品或服务）四种言语功能。与之相对应的典型语气类型分别为断定语气、疑问语气和祈使语气。感叹语气是一种特殊的断定语气，目的是抒发强烈的内心情感。英语中的语气主要通过主语和限定词的语序来实现的，如实现陈述的断定语气结构是主语＋限定词，实现提问的疑问语气是限定词＋主语，实现命令的祈使语气结构常常是（主语省略）＋动词原形。而汉语的语气实现手段并不是单一的，包括语调、语气词、以及像正反问（是非疑问）、多么（感叹）等特殊结构。

Halliday（1994）的情态概念表达介于肯定和否定之间的可能程度，是说话者对于命题内容或行为实施的主观判断。以信息为内容的小句称为命题句（proposition），由断定语气和疑问语气组成的直陈语气体现。以物品和服务为内容的小句称为行为句（proposal）。命题句中的情态为模态（modalisation），分为可能性（"是"或"否"）和通常性（"是"且"否"）。建议句的情态为意态（modulation），分为责任（外部规定）和意愿（个人意志）。英语中含有情态的建议往往被包装在直陈句的外衣下。如，祈使语气go home! 加上情态助动词后就成为 You must go home. 不能省略主语。情态系统是介于正反之间的一个连续体，价值（value）上可以分为高、中、低值。同时，我们还可以同时从客观性/主观性以及显性/隐性两个表达取向对情态进行划分。

Martin（2000）的评价理论是对人际意义研究的延展，涵盖介入（engagement）、态度（attitude）和层级（graduation）系统。介入是指说话者对话语事件的参与程度，讨论情态、引语等展示的话语的开放性或商讨性。态度涵盖爱/恨的情感、好/坏的判断和美/丑的鉴赏。评价系统中的态度不同于上图所示框架中的态度，上图中的态度包括情态表现的可能性，而评价系统中的态度包含喜好/讨厌等情感或道德取向，不包括情态。层级包括语言表达中的语力（force）和对信息点的关注度（focus）。我们说话时，可以张扬（raise）我们的态度，也可以缓压（lower）我们的情绪。同样，我们可以强化（sharpen）焦点，也可以弱化（soften）焦点。

最后需要说明的是，单就语言的人际实现功能而言，可供研究的语言项目有很多，我们选择表现人际交流和社会态度的人际意义覆盖下的语气、情态和评价进行汉语的适用性研究。选择人际意义是因为语言的交流功能和态度意义经常为人们所忽略。而系统功能语言学尝试从词汇语法层面来构建人们交际的图景。我们希望从研究人际意义在汉语语法中的体现来探讨功能语言学对汉语语法的适用性。而且，我们对汉语人际意义系统的描述是意义系统描述，即基于语言的功能，朝向意义的语言描述，一方面，希望所描述的系统对语篇描述提供语法支持，另一方面，对计算机的语言生成有所裨益。

第四章　汉语语气结构

Halliday（1985；1994；2005）指出，小句的人际功能表现为作为交流的小句（clause as exchange），在英语中的词汇语法表现为语气和情态，在汉语中的词汇语法则包括语气、情态、极性和评估（assessment）（Halliday and McDonald 2004）。英语中的极性是对回答问题的说话者阐述命题的肯定与否定，与提问者的观点无关，如：

　(1) a. Did you have a lunch? / Yes, I have. / No, I didn't.

　　　 b. Didn't you have a lunch? / Yes, I have. / No, I didn't.

无论发问者是肯定问还是否定问，回答者总是根据自己命题的肯定或否定来进行回答，也就是说，Yes 和 No 不参与到话语商讨中去，因而具有概念功能而非人际功能。而汉语的极性则是对发问者观点的肯定或否定评价，如：

　(2) a. 你吃午饭了吧？/ 是，我吃过了。/ 不，还没吃呢。

　　　 b. 你没吃午饭吗？/ 不，我吃过了。/ 对，还没吃呢。

可见，汉语中的极性是针对发问者命题态度的肯定或否定，因而参与了话语商讨，表达了回答者与发问者之间的交流与协商，故而具有人际功能。

系统功能语言学把情态界定为介于"肯定"和"否定"两个极性之间（Halliday 1994），表达说话者的主观态度。鉴于极性与情态意义的关联性，本文把二者纳为一体，将在第七章综合论述。

Halliday & McDonald（2004）的评估用以指称汉语语气词的意

义系统。汉语语气词作为汉语独有的一个语言现象，自成系统。如前所述，语气词虽然名为"语气"词，但并不能用以区分语气，其功能更多的是表达说话者的一种态度，当归人际意义。

下面，我们从作为交流的小句结构入手讨论汉语的语气、极性和情态，以及评估。

4.1 语气结构

根据 Halliday（1994），作为交流的英语小句由语气成分和剩余成分构成，语气成分包括主语（Subject）和定谓成份（Finite），谓语（Predicator）、补语（Complement）和附加语（Adjunct）属于剩余成分。例如：

Mary	（did）	sent	John a present	yesterday
主语	定谓成分	谓语	补语	附加语

主语通常由名词词组来实现，在建议句中表现为对作为交际事件小句所传递的建议负责任的成分，因而表达提供的小句主语通常是说话者，而表达命令的小句主语通常是听话者；在命题句中，主语是小句信息有效性的依存成分。定谓成分通常由时态或情态助动词来实现，是动词词组的一部分，前者表达相对于命题陈述的时间度，后者表达说话者对命题或建议的态度。

显然，在英语中，被称为语气成分的主语和定谓成分决定着其所在小句的语气类型。如，陈述语气中二者的语序是主语^定谓成分，疑问语气中是定谓成分^主语，而祈使语气中没有主语。也就是说，英语语气类型的区分只是借助主语和定谓即可完成。

胡壮麟（1994）指出汉语语气的特点为：1）汉语没有定谓成分，主语总是在动词之前；2）汉语有时在句末使用"吗"这样的疑问语气词；3）汉语的特殊疑问词不一定在句首出现。张德禄（2009）补充了两点，即4）汉语语气不以主语的责任性，而以谓语的有效性为特征，谓语的有效性包括谓语或整个命题的极性和情态。因此，小句的附加问与其命题而非主语的有效性相关联；5）汉语存在主语，但相比英语的主语，其作用减弱。

下面，我们一方面需要对以上的五个特征进行重新论证，另一方面试图寻找界定汉语语气的标准。

4.2　语气成分

根据句子交际功能，汉语有四大句类，陈述句、疑问句、祈使句和感叹句。陈述句用来向听话人报道一件事情，语调平直，句尾略降；疑问句包括疑惑和询问双重意义；祈使句是向听话人提出要求、希望他做什么或不做什么的句子；感叹句是抒发强烈情感的句子（邵敬敏2007）。这里的功能意即话语的言语功能，也就是说，这四个句类是基于意义的分类，那么分类依据又是什么呢？一方面借鉴了西方语法的语气概念，另一方面同时参照了汉语自身的语法特点。但是我们认为，句类分类的语义特征及其语法体现不够明晰，有必要通过分析不同句类的句法构成进一步探求不同句类的界定标准。

功能语法中，主语是语气结构中的一个语气成分，Halliday（1985）把它定义为"命题可以以此为参照被确认或被否定"，以及"对作为交际事件的小句负责的成分"。虽然在汉语中也可以找到与英语相匹配的句子进行同样的语气结构分析，如：

我们	明天	去	北京
主语	附加语	谓语	补语

但由于汉语没有时、态等形态变化，对于主语的界定也存在分歧，Halliday & McDonald（2004：332）认为，主语在汉语中对于小句语气没有任何指示作用。张德禄（2009）认为汉语有主语，只不过主语作用被削弱，并提出提出两条界定汉语主语的方法：1）主语在语气中的作用；2）情态动词和否定词的位置。

首先，主语为第二人称的祈使句常常省略主语。如果替换主语，则会改变句子类型。如：

（3）a.（你）把书拿过来！

　　b. 他把书拿过来了。

（3）a 为命令听话者做事情的祈使句，（3）b 则是陈述一件已经发生事情的陈述句。如果说以上句子有主语，而且主语对建议或命题负责，那么我们看下面一组例子：

（4）a. 你一定要努力工作。

　　b. 工作一定要努力。

如果说(4)a 的主语是"你"，那么(4)b 中的"工作"则不是主语，因为"工作"自身是不会"努力"的，把"工作"提到句首作为话题的开始则是小句谋篇功能的作用。所以说，从主语的意义来看，汉语中存在主语，但主语对于汉语语气的界定不起作用。从汉语大量使用无主语的句子来表达系列事件这一事实来看，汉语主语的意义又被大大削弱。如：

（5）（我们）赶了一天的路，（我们）到了火车站，（我们）一上火车就"暴露"了。

汉语虽然没有表达时态变化助动词，却有与时间相关的"着、了、过"等时态助词以及表达说话者态度的情态助动词，它们部分地起着限定谓语的作用。如：

（6）我已经吃过饭了。

（7）飞机会准时起飞的。

语气词，顾名思义，用以辅助表达语气的词类，当属语气成分。如前所述，汉语的语气范畴不仅包括英语的 mood，还包括说话者的情绪、态度等。也就是说，语气词除了具有语气指示作用，同时兼具态度评估和介入功能。我们将在第八章详细论述语气词的评估功能。

4.3 剩余成分

谓语。根据充当谓语的词组类别，一般分为动词性谓语、形容词性谓语和名词性谓语。

动词性谓语

（8）水开了。（动词谓语句）

（9）我们一起吃饭。（述宾谓语句）

（10）他跑远了。（述补谓语句）

（11）西瓜我们吃完了。（主谓谓语句）

（12）老李去香港工作了。（连谓谓语句）

（13）公司派小王去买材料了。（兼语谓语句）

以上是《现代汉语通论》（邵敬敏 2007）对动词性谓语的分类，包括动词谓语句、述宾谓语句、述补谓语句和主谓谓语句。对于前三者的结构划分几乎没什么异议，其谓语成分分别是"开、吃、跑"。实际上对于主谓谓语句而言，如果按照 Halliday（1994）的语言兼具概念、人际、谋篇三功能的理念去划分结构，其成分功能是很明晰的。

例句	西瓜	我们	吃	完	了
概念：及物	目标	施事者	过程：物质		
人际：语气	补语	主语	谓语		语气词
谋篇：主位	主位	述		位	

也就是说，"西瓜"居于句首，是信息的起点，作为施事者的"我们"同时承担着主语的责任功能。因此，所谓主谓谓语句是不存在的，其谓语只是一个动词性词组"吃完"。

对于连谓谓语句和兼语谓语句，根据功能语法的小句划分原则，我们视其为两个小句。语气结构分析如下：

老李	去	香港	工作	了
主语1	谓语1	补语1	谓语2	

公司	派	小王	去买	材料	了
主语1	谓语1	补语1（主语2）	谓语2	补语2	

形容词性谓语句

衣服	很漂亮
主语	谓语

大楼上的霓虹灯	亮	得刺眼
主语	谓语	附加语

英语小句中的形容词性谓语与名词性主语之间需要由"be"连接，而汉语则不然，名词性主语后直接跟形容词性谓语。那么，在语气结构分析中，我们理应将形容词词组归为谓语，而不是如英语般归为补语（传统语法的表语）。即：

今天	星期天
主语	谓语

今天	是	星期天
主语	谓语	补语

英语小句的谓语总是由动词词组担任，名词是绝不能充当谓语的，因而两个名词词组之间必须加入动词"be"才能构成一个完整的句子，如"He is a student."。汉语固然也有对应的判断动词"是"来连接两个名词词组，如"她是北京人"，但两个名词词组放在一起也可以构成一个小句，如"今天星期天"。此类句型传统汉语语法称之为名词性谓语句。所谓名词性主谓句，顾名思义，即充当谓语成分的是名词性词组。我们依照传统观点，将其视为名词性谓语。

功能语法中的补语在英语中包括传统语法的宾语和表语，英语中形容词属于名词大类，而汉语中形容词属于动词大类，因此，我们根据汉语的特点，把汉语中的形容词谓语仍划归谓语，名词词组充当的宾语仍称为宾语。

功能语法的附加语为传统语法中的状语，可表达方式、程度、原因、时间、地点等，汉语中的"得"字补语实际上用以表达谓语的程度，我们归入附加语。语气副词表达说话者的评价态度，是人际附加语。

接续语包括传统语法中用以引入交际者的插入语，如"你看，我说"等，其存在与否不会改变所在句的句法结构，在话语层面具有连贯的谋篇功能和表达态度和介入的人际功能。对于接续语的详细论述，参见第九章。

（称）呼语可以直接体现交际双方地位高低、远近亲疏的角色关系。家庭亲属之间长辈称呼晚辈时通常是直呼其名，而晚辈对长辈则通常以亲属关系称之，如妈妈、姥爷、舅舅等。

公司单位成员之间，下级对上级通常以姓氏＋职务相称，如周处长，王科长，李院长等。上级称呼下级以及普通员工之间则根据年龄称为"小＋姓氏"或"老＋姓氏"，如小张、老李等。

（14）赵师傅，好了吗？

（15）小谢，明天跟我下去一趟。

（16）他吴姐，忙啥呢？

叹词是用来表达强烈感情或者表示呼唤应答的词。在结构上，叹词独立于句子结构之外，不与句子中的任何成分发生关系，也不充当任何句子成分。但每一个叹词都表达一定的感情意义，需要借助语境来获得。

（17）唉，我们一老一小相依为命。

（18）哟，小谢的文章见报了。

（17）中的"唉"表达对生活困苦的无奈，（18）中的"哟"表达了说话者的惊讶之情。

第五章　汉语语气系统

英汉两种语言中都存在陈述、疑问、祈使和感叹四种语气，其中陈述语气是无标记语气。虽然每种语言都有典型的句式体现方式，但具体的体现方式却有所不同。英语是屈折性的，不同的语气由动词变化形式和语序变化来实现，如英语用无主语的动词原形形式来实现祈使语气，助动词提前来实现疑问语气。汉语是分析性的，语法形式不是非常明显，往往借助语调和语境来识别。根据系统功能语言学的观点，不同的形式承载着不同的意义，形式因其所实现的意义而获得，而不同的意义必然会在形式上有所体现。

Quirk（1985）区分了陈述（statement）、疑问（question）、指令（directive）和感叹（exclamation）四种话语功能对应于断定（declarative）、疑问（interrogative）、祈使（imperative）和感叹（exclamative）四种句型分类。Halliday（1985；1994）则从人际交流的角度归纳了四种言语功能，即陈述（给予信息）、疑问（索取信息）、命令（索取物品和服务）和提供（给予物品和服务），与前三种相对应的语气分别为断定语气、疑问语气和祈使语气，感叹语气是断定语气的一个类别。

5.1　陈述语气

就为听话者提供信息的陈述句而言，可以分为没有任何标记的中性陈述句、融入说话者评估态度的带有语气词的评估陈述句、以及后有附加问句的附加问陈述句。

中性陈述句。

（1）居委会要创收，搞个早点摊儿。

（2）几个孩子在翘首张望着。

评估陈述句。

汉语口语中，语气词的使用相当普遍，说话者以此把自己的评估态度融入到话语中。可以用于陈述句的语气词包括"的、啊（呀、哪）、呢、嘛、吧、呗"等。例如：

（3）他们要进来的。

（4）他妈对我挺好的。

（5）要做新娘了，这情绪可不对头啊。

（6）什么年代了，还想包办哪。

（7）成天咋咋呼呼，人家谢永刚能看上你就不错啰。

（8）二十几年痴心不变哎。

（9）这是一个室内设计图嘛。

（10）我说王娜漂亮吧？简直就是一封面女郎，我不是癞蛤蟆想吃天鹅肉嘛。

（11）过去帮帮忙，也是对老辈的一份心吧？

（12）a. 攒也有限。

　　　b. 那可不一定，积少成多呢。

（13）别装单纯，我才不信呢。

（14）过年了，还有事？哼，还说在家侍候我呢。

（15）家里人知道她这脾气，不知道的，还说她不冷不热呢。

我们认为，汉语口语中语气词的丰富性，有力地表现了汉语是主观性比较强的语言，这种主观性表现为对交际双方——说话者和听话者的突出，是说话者与听话者的一种互动和商讨。再比如，在进行考试、毕业答辩、比赛、法庭审判等活动时，常常需要在程序启动前对有关事项作出申明或者说明，如果用英语陈述，说话者在陈述之后常常对听话者说的是"Is it clear?"；而如果用汉语陈述，说话者则会对听众说，"听明白了吗?"。无疑，前者是指向内容"it"，而后者则朝向听话者"你们"，虽然主语已经被省略。

从以上例句中可以看出，语气词的使用还可以使说话者的口气变得圆润、柔和，不像中性陈述句那样生硬。从性别取向来看，女性使用语气词的频率要高于男性，从交际双方的权势和社会距离来看，地位低的多于地位高的，关系亲近的多于关系生疏的。

需要说明的是，在《结婚十年》中，以语气词"吧"结尾的句子多标以问号，但从上下文语境来看，多数句子说话者并没有要求听话者回答的意图，仍可视为陈述句，不过增加了推测和商讨的口气。

附加问陈述句。附加问的意义在于，就始发句的内容征求听话者的意见或希望交际对方予以证实，附加问的使用能够增强交际双方的交流性和互动性。汉语陈述句附加问的形式多样，有"是不是，是吗，是吧，不是吗，对不对，对吗，对吧，不对吗，好不好，好吗，好吧，不好吗，行不行，行吗，行吧，不行吗"等。

（16）咱们干得还不错，是不是?

（17）你好像很喜欢这份工作，是不是?

（18）说实话，你是被人赶出来的，不是吗?

（19）你和你爷爷都在旗，是吗?

（20）我还听说有人对歌词有意见，是吧?

（21）听大姐口音像北方人，是吧?

（22）我想进去见见他们，行不行?

（23）我在这儿睡一夜，行吧?

（24）产品先放着，用好了再收钱，行吗?

（25）爸，我想做个好孩子，行吗？

（26）我只是想回来看看爸爸和妈妈，不行吗？

（27）尤洪宝忽发奇想：南麻北移，让它为沂蒙山的乡亲们造福，不行吗？

（28）校长亲切地对李衲说："学校要庆祝'六一'，你回家请主席给咱们学校题个词，好不好？

（29）爸，求求你让我念中学，好不好？

（30）凡事有个计划，不好吗？

（31）我们两个人，找个山明水秀的地方住住，享享晚年的清福，不好吗？

（32）记者：请您评价一下，您在广西这两年的工作，好吗？

（33）以后碰到什么困难都要坦然面对，好吗？（青春的童话）

（34）算你赢了，好吧？

（35）翠儿妹子，你去替我说说，好吧？

（36）是我缺乏魅力，不能吸引你，对不对？（结婚十年）

（37）你下句话要讲的是"不"，对不对？

（38）照这么说，摇滚乐体现了一定程度的动物性，对吗？

（39）对不起，您比我来得晚，对吗？

（40）我们在芝加哥见过面，对吧？

（41）你和男朋友闹翻了，对吧？

（42）你到我这来是为了告诉我你的事情，不对吗？

（43）"您为什么不选别人单选中我呢？"她从容地同意道："我应当了解，不对吗？在您的考虑中有没有误会？"

（44）那本书里有许多妙语呢，你说对吗？

（45）朋友再来请，我就说太太下了死命令，行了吧？

反复问和肯定"吗"字问没有引导性，听话者获得的话语空间相对较大；而含有反问意味的否定"不……吗"和"吧"字问则带有说话者的引导倾向性，听话者希望从对方那里获得前述话语的肯定答复，听话者的话语空间相对较小。"行不行、行吗、不行吗、行吧"通常是对某种行为实施的问询，因而多作为祈使句的附加问。有时，这些话语前面加入人际接续语"你说、你看、你想、我问你"等帮助询问的词语，或者加入对询问者的称呼语。

还有将语气词"啊、嗯"独立出来的一种附加问，如：

（46）所以还要你帮着多做解释工作，啊？

（47）船娃，以后你就是他们的人了，你要听话，嗯？

这里的"啊、嗯"表示一种提醒和质询，通常用升调，因而多用问号标示。

此外，根据吕叔湘（1982），"咱们这就去，怎么样？"中的"怎么样"不同于"你看这个小花瓶怎么样？"，前者不是泛问性质如何，只是问这件事好不好，实质上等于是非问。据此，邵敬敏（1996）将之划为附加问。例如：

（48）我们今晚吃它一顿，不醉不归，怎样？

（49）五块钱一个卖你点儿，怎么样？

Halliday & McDonald（2004）根据其交际目的，把附加问分为中性、缓和和要求三种。中性问是说话者希望听取对方意见，具有与听话者商讨的意味,；缓和意即为了不让听话者感觉自己主张的武断性而给予听话者一定的话语权；要求是通过附加问来"强迫"听话者做出回答，以此给出相应的意见。我们可以从两个角度给出不同的分类。根据附加问的功能，可以区分两种，一是偏重于判断命题的是非性质，询问对方肯定或否定的态度，包括"是不是、对不对"及其变体；一种是征求对方意见，询问对方某种行为或提议是否可行，如"好不好、行不行"及其变体以及"怎（么）样、啊、嗯"，因此多用于祈使句或意愿性陈述句。还可以依据说话者态度的倾向性分为中性问和引导问，反复问和肯定"吗"字问属于前者，否定"吗"字问和"吧"字问属于后者。

5.2　疑问语气

人类语言普遍存在的疑问句基本功能类别有两种：是非疑问句和特殊疑问句。是非疑问句需要听话者从"是"或"不"两种肯定和否定极性来回答，因而又被称作极性疑问句或一般疑问句。特指疑问句式就某个缺失特指信息的提问，如"在哪儿、什么时候、为什么"等。此外，还有一类是居于话语层面的回声问。与是非问和特指问的客观世界相关信息提问不同，回声问是听话者就说话者所提供的话语信息进行提问（刘丹青 2008）。此外，我们把选择问归入特指问的次类，因为汉语选择问与特指问均可以后加语气词"呢"，而非用于是非问的"吗"；把反复问归入是非问次类，因为其功能更接近于是非问，要求在肯定和否定两者中作出回答。

不同的意义由不同的形式来呈现，同样，疑问形式的不同必然导致意义的差异性。就疑问程度而言，吕叔湘（1982）认为疑问句的"疑"和"问"的范围不完全一致。"吧"字句是传疑而不发问，表达说话者的一种测度，而反诘句则是不疑而故问，具有疑问之形而无疑问之实。赵元任（1979）指出，反复问是不偏于哪一边的，而"吗"字是非问对于肯定的答案抱有或多或少的怀疑，信度在 50% 以下。此后，徐杰和张林林（1985）、黄国营（1986）、李宇明和唐志东（1992）、邵敬敏（1996）都对疑问句的疑问程度进行了专门探讨。描绘如下：

表 5 - 1 疑问程度研究列表

	特指问	选择问	"吗"问	正反问	"吧"问	反诘问
徐杰、张林林	100%	60%	80%	80%	40%	
黄国营	真的概率 0/1 时，无疑而问；1/4、3/4 时，怀疑和猜测；1/2 时，真正疑问句					
李宇明、唐志东	高疑问句、低疑问句、无疑问句					
邵敬敏	信 0 疑 1		信 1/4 疑 3/4	信疑 各 1/2	信 3/4 疑 1/4	信 1 疑 0

徐杰和张林林（1985）主要考察疑问句类型与疑问程度的关系，指出，疑问程度愈低，表达方式越灵活，而疑问程度愈高，表达方式越单一，但疑问程度的判断需要借助语境。黄国营（1986）更是根据语境，以真的概率为参数，把疑问句分为无疑而问、怀疑和猜测、真正疑问句三种。李宇明和唐志东（1992）讨论的是儿童问句习得，而邵敬敏（1996）把信、疑作为两个互相消长的因素，信增一分，疑就减一分，反之，疑增一分，信就减一分。

5.2.1 是非问

是非问是就命题的是——肯定和非——否定进行提问，通常也会以是或非（不、没有）来进行回答，但刘丹青（2008）表示，不宜拿能否用"yes"或"no"等此类叹词性的应答词来回答作为判定是非疑问句的标准。而点头或摇头此类肢体语言的作答却可以作为一种普遍性的对是非疑问句应答方式。因为对于是非疑问句的作答，要么"是"，点头，要么"非"，摇头。

英语的是非答问是答句定位型，即就答句命题本身的肯定/否定用 yes/no 做出回答。而汉语是问答关系型，即就答案是够符合问句命题的肯定/否定而用是/不做出回答。对用肯定命题提问的句子来说，两种类型的结果是一致的。如英语"did he go?"和汉语"他去了吗?"，假如事实是他去了，英语和汉语都用肯定应答词作答：Yes/是。英语是因为答句为肯定句，汉语是因为答句符合问句命题，所以两只都用肯定词作答。假使事实是他没去，英汉都用否定词作答：No/不，英语是因为答句是否定命题，汉语是因为答句不符合问句命题。对于用否定命题提问的句子。两种类型的表现就正好相反。

从是非问的表现形式来看，汉语的是非问有反复问、后加疑问语气词"吗"或"吧"和上升语调。赵元任（1968）指出，"吗"是古汉语否定词的残余 m-和"啊"的溶合，据此，范继淹（1982）对汉语反复问和"吗"字是非问句从语义到形式进行了比较详细的分析，认为是非问是是非选择问的一种，包括以下几种句式。

(50) a. 你带雨衣 不带雨衣? ——带（不带）。

　　 b. 你带 不带雨衣? ——带（不带）。

　　 c. 你带雨衣 不带? ——带（不带）。

　　 d. 你带雨衣 不? ——带（不带）。

　　 e. 你带雨衣 吗? ——带（不带）。

该文讨论了动词的各种体范畴（未然体、已然体、曾然体、持续体）和句子不同谓语结构（单纯动词句、助动短语句、动结短语句、动趋短语句）对反复问和"吗"字是非问句的约束力。

1. "吗"字疑问句的使用范围最广，所有陈述句都可以后接"吗"变为疑问句，其次是句尾加否定词"没有"或"不"，动词反复问的使用范围最小，持续体中表状态的可以进行反复问，表动作的持续不可以进行反复问。

2. 反复问是对谓语动词的重复问，只需重复谓语动词即可，如果是两个以上多音节动词，只对第一个音节的重复更具可接受性，如"知不知道，熟没熟悉"。

3. 助动短语中的反复问只需对助动词用"不"进行重复，如"会不会，能不能，应（该）不应该，可（以）不可以，需（要）不需要"，但不可以说"得（dei）不得"。

4. 标示"体"的助词"着、了、过"，以及动结短语和动趋短语中的结果补语和趋向补语不予重复更具可接受性。

5. 动结短语和动补短语中的助动短语和未然体用"不"进行否定，而已然体、曾然体以及表状态的持续体用"没有"进行否定。

6. 由于反复问是对谓语动词的提问，因而在"把"字句和"被"字句中只需并更其中的谓语动词，其他不变。

此外，所有的陈述句都可以在句中添加"是不是"进行提问，添加位置相对比较灵活，因疑问焦点的不同而有所不同。邵敬敏（1996：117）归纳了七种类型的"是不是"正反问：1）NP1＋是NP2 不是？2）NP 是 VP 不是？3）NP1 是不是 NP2？4）NP 是不是 VP？5）是不是 NPVP？6）NP1 是 NP2，是不是？7）NPVP，是不是？实际上，如果我们把"是 NP"视为一个 VP，可以把以上七种简化为以下五种，例如：

(51) a. 你要拿走行李是不是？

　　b. 你是不是要拿走行李？

　　c. 是不是你要拿走行李？

　　d. 你要拿走的是不是行李？

　　e. 你是要拿走行李不是？

"是不是"居于句尾，对整个小句命题进行提问，居于谓语前，则重在提问谓语，居于句首时，如果主语重读，提问主语，否则提问小句命题，如果提问宾语，需在动词后加上名词化助词"的"。附加问的"是不是"和前面陈述命题间的停顿时间较长，书面语中常用逗号隔开。

需要指出的是，黄国营（1986）认为普通话中的"吗"字句经常有反问意，期待用与问句命题不一致的"不"字来回答。我们认为，应该区分中性的"吗"字问和反问的"吗"字问，毕竟"吗"是由表否定的"无"转化而来，我们不能将其反问意扩大化。

以上所讨论的是是非问中中性问，即提问者对提问内容没有任何肯定或否定偏向。如果提问者对提问内容有着肯定或否定预期倾向的称为引导问，包括期待肯定回答和期待否定回答两种。纯语调是非问句和使用语气词"啊"的疑问句属于期待肯定性回答的问句（刘丹青2008），如：

（52）你去？/你不去？

（53）妈，您没见着海平啊？

（54）你是怕海平不答应啊？

在此类问句中，问话人已经有了判断，预期听话人做出肯定回答。通常说话人已经预测到某事的发生，只是向听话人证实一下，因而期待得到肯定回答。

与"啊"一样，使用语气词"吧"的疑问句同样期待说话者做出肯定回答，只不过，"吧"的揣度意味更浓，表现说话者的一种猜测，与听话者进行商榷，例如：

（55）无风不起浪吧？

（56）海平回家了，饿了吧？

是非问句的反问用法期待否定回答，最典型的实现形式是否定疑问"不……吗"，其次是能愿动词"能、敢、会、肯、该"等构成的疑问句，以及带可能补语的动补结构"V得C"，而且语气副词"还、就、难道"可以加强反问，例如：

（57）去师大进修，（难道）你不盼望吗？

（58）（难道）才结婚就妻管严了？

（59）人家解决不了，（难道）我们政协就能解决了？

（60）永刚是个有情有义的人，（难道）兄弟的事情他（还）能不管？

（61）他父亲做尽了坏事弄钱，他会是个好东西？

（62）您比谁不精明，我敢撒谎吗？

（63）那么贵重的东西，买得起吗？

（64）人死了，他用得着吗？

特指问是指用"怎么、为什么、哪儿、什么、谁"等疑问词就命题缺失的内容进行提问的疑问句。缺失内容可以是由主语实现的施事者、宾语实现的受事者以及附加语实现的时间、地点、方式、原因、情状。下面我们考察主句中哪些成分可以被提问。

（65）谁是老师？（主语：人）

（66）世上什么最美丽？（主语：事或物）

（67）你想找谁？（宾语：人）

（68）你在挖什么？（宾语：事或物）

由名词性短语充当的主语被提问时，"谁"提问人，"什么"提问事或物。

（69）你们在干什么呢？（动词谓语）

（70）小红怎么样了？（形容词谓语）

　　动词是小句的核心所在，一个完整的小句是不能缺失动词的，因此提问动词谓语时，通常使用"干、做、发生"等概括性动词，并后接疑问词"什么"。而且，这些概括性动词属于行为类动词，也就是说，非行为类动词谓语不可以被提问。例如，不可以就"她穿了件红裙子。"中的"穿了"提问。形容词谓语可以用"怎么样"来提问，因为形容词谓语通常是对事物状态的描述。

　　（71）你和谢永刚的事进展得怎么样了？（附加语：情状）

　　（72）干吗非把我塞给谢永刚啊？（附加语：原因）

　　（73）他是怎么走的？（附加语：方式）

　　（74）在哪儿见面？（附加语：地点）

　　（75）老罗出差什么时候回来？（附加语：时间）

　　功能语法中的附加语包括传统汉语语法所指称的状语和"得"字补语。由此，在普通话主句中，主语、宾语、谓语、表示时间、地点、方式、原因的附加语较容易被提问，不同于英语的是，汉语也可以就从句中的某些成分进行提问，根据刘丹青（2008）这是因为英语需要把疑问词移位到句首，而汉语的疑问词却不必移位。例如：

　　（76）a. That John broke a window made his father angry.

　　　　 b. ＊Who that broke a window made his father angry?

　　　　 c. ＊What that John broke made his father angry?

　　在特指疑问词无须移位的汉语中一般没有这样的制约，上述句子翻译成汉语都能成立。

　　（77）a. 约翰打破一扇玻璃窗让他爸爸很生气。

　　　　 b. 谁打破一扇玻璃窗让他爸爸很生气？

　　　　 c. 约翰打破什么让他爸爸很生气？

选择问是由说话者提出两个以上选择项由听话者进行选择，明确提供了可供回答的选择项，规定了询问的主观范围。如：

（78）你们的钢材是真的还是假的？

（79）我们是周六还是周日去印象园？

5.3　祈使语气

根据 Halliday（1998），祈使句是索取服务和物品，即命令的典型体现方式。我们来看下面一组祈使句：

（80）让我来吧。

（81）你给我走！

（82）请坐！请喝茶！

（83）上班时间，别发疯啊。（结婚十年）

（84）办完事别走了。

（85）别碰我的吉他，妈妈。（青春的童话）

（86）不再让妈妈失望了，好不好？（同上）

（87）快点！

（88）出去出去！（结婚十年）

（89）走吧走吧。

（90）给我挂电话。

（91）跟我一起去接啊。

（92）去看看吧。

汉语祈使句以交流物为取向，凡是涉及行为的无论是提供（"让我……"）还是索取（"给我……"）的句子都归为祈使句。我们把提供物品和服务的祈使句称为请求句，请求句中的行为者是说话者"我"，其中，如"祝你成功、希望你快乐"等此类祈愿句属于请求句。索取物品和服务的祈使句称为命令句，命令句的行为者是听话者"你"。这里的命令包括建议，两者的区别在于口气的轻重。功能的划分需要有形式的支撑，请求句的隐含义是"我做"，因而可以补上主语"我"或加入"让我"。而命令句的隐含义是"你做"，此外，还有一种是包含说话者的纳我类（inclusive）。

可以说，首先，祈使句的交流物为服务和物品，所以说，祈使句是关于"做事情"的语法。其次，行为的执行者为第一或第二人称。当行为者为第一人称时，为听者提供物品和服务。当行为者为第二人称时，为索取服务和物品。

5.4 汉语语气系统

下图是 Halliday & McDonald（2004）所描述的汉语语气系统。

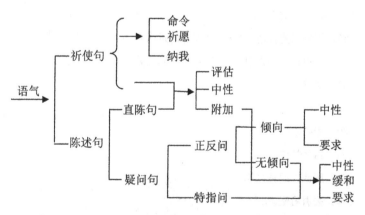

图 5-1 Halliday & McDonald（2004）的汉语语气系统

可以看出，Halliday & McDonald（2004）把由语气词实现的评估只赋予了陈述句和祈使句，其实，如"吗、呢、吧、啊"等语气词也可出现于疑问句。也就是说，汉语评估系统应该与实现言语功能的语气系统是共选关系。因此，我们将容纳了评估系统的汉语语气系统调整如图 5 - 2 所示。

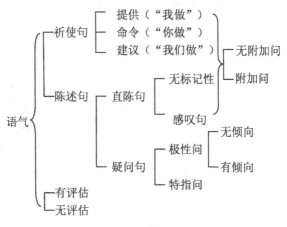

图 5 - 2　汉语语气系统

　　根据交流物的不同，我们区分了实现信息交流的直陈句和实现交流物品与服务的祈使句。信息的提供由陈述句体现，信息的索取则由疑问句体现。根据行为的隐含主语，把祈使句分为"我做"的提供、"你做"的命令和"我们做"的建议。而祈使句和陈述句均可以后接附加问，因此区分了有无附加问。陈述句又可以再分为无标记性陈述句和感叹句，感叹句看似在语气系统的地位不很重要，但又具有自己的句式特点，下章将对汉语感叹句作专门研究。疑问句包括就"是否"两极提问的极性问和就内容提问的成分问或 WH问。通常来说，正反问和"吗"字肯定问是无倾向问，而否定问句则倾向于听话者给出肯定答复，因而提问具有一定的倾向性。而且，汉语中所有小句都可以后接语气词来实现说话者的评估态度。

第六章 感叹语气

虽然说学术界对感叹句的研究相对比较薄弱，但最近几年对其的关注度却有所回升。李铁范（2005）和肖亚丽（2006）曾就现代汉语感叹句研究进行了总结和归纳，但是对于西方的感叹句研究却鲜有论述。因此，本章首先拟就国内外感叹句研究给予综述性述评，并通过比较两者的研究发展路径，指出现代汉语感叹句研究的不足之处以及今后需要解决的问题。

6.1 国内外感叹句研究综述

6.1.1 英语感叹句研究

英语对感叹句的关注始于 20 世纪 70 年代 TG 语法对于深层结构的探索，特别是 WH 感叹句与 WH 疑问句之间表层结构的相似性，促使语法研究者试图来探寻它们深层结构的不同。Elliot（1971，1974）通过对比研究感叹句和疑问句发现英语 wh 感叹句分布的部分规律，即 wh 感叹句只能被嵌入由形式主语 it 引导的诸如 be amazing、significant 等情感动词之后，如：It is amazing how cute he is.；或者被嵌入动词 know 之后，如：He knows how cute the kid is.。但不能置于 think、wonder 等动词后，如不能说 ＊ I think/wonder how cute he is.；[1] 也不能被嵌入第一人称为主语的 don't

---

① ＊表示不可接受的句子；或为不合汉语语法的句子。下文同。

know 后面，如：＊I don't know how cute he is.。他还指出由于在多个语言中都存在着用疑问来表感叹的句式结构，因此有必要从语言类型学角度对感叹结构进行普遍句法研究。

Grimshaw（1977，1979）则从语义选择的角度阐释了 wh 疑问句和 wh 感叹句的语义区别。前者包含一种不确定性（indeterminacy），而后者则表达一种确定性（determinacy）。疑问句中的这种不确定性由变量 wh 表达，因而 wonder、ask 等可以与 wh 疑问句匹配；而感叹句中的 wh 因 very 而获得一种表达某类极值（extreme value）的确定性。此外，wh 感叹句与说话者不知是不相容的（the incompatibility of exclamations with contexts of speaker ignorance）。他还进一步把这种现象归因于感叹句的内在事实性（inherently factive），即只要是感叹句，其命题内容总是被预设的（if the propositional content of an exclamation is always presupposed）。

Elliot 基于语言事实对感叹句语言规律的总结为后来学者对感叹句的研究奠定了基础。而 Gromshaw 注意到感叹句的句法结构不可能解决感叹句的所有问题，他从语义选择的角度给出了新的阐释，提出并论述了感叹句因其预设命题而获得事实性的观点，尽管此观点还亟待进一步论证，但对后来学者启示很大。

从术语使用来看，以往学者多用 exclamation 指称感叹句的名词形式，而用 exclamatory 指称其形容词形式。在 Routledge Dictionary of Language and Linguistics（1996/2000）中只有 exclamatory 一个词条，并界定为：可依据句序被正式描述为陈述、疑问或命令的基本的动词语气，其基本功能是通过语调、叹词或语气词表达说话者的强烈感情。Longman Dictionary of Language Teaching & Applied Linguistics（1992/2000）中 exclamation 有两个词条：其一为不一定具有完整的句子结构而表达强烈感情的词语，如 Good God! Damn!；

其二等同于 exclamatory sentence，指传达说话者或写作者感情的话语，以 what 或 how 的短语开头，但不倒装主语和助动词的位置。

Quick 等人（1985）基于功能和形式区分了话语功能的感叹（exclamation）和语法层面表达感叹的感叹句（exclamative[①]），以分别对应于话语功能层面的陈述（statement）、疑问（question）、命令（command）以及语法层面的陈述句（declarative）、疑问句（interrogative）、祈使句（imperative）。他还指出功能和形式并非一一对应关系，也就是说，感叹功能的实现并非完全由感叹句独立完成。感叹句仅仅指由 what 或 how 引导的特殊感叹句式（Exclamatives as a formal category of sentence are restricted to the type of exclamatory utterances introduced by what or how.）。除此之外，表达感叹功能的句法形式还有短语形式（non-sentences，如 Of all the impudence!）、从句形式（subordinate clauses as irregular sentences，如 Why, if it isn't Susan!）、感叹疑问（exclamatory questions，如 Hasn't she grown!）等非常规的表达方式。

Halliday（1985）从言语功能的角度采用二分法，首先区分了表达命题的直陈句（indicative）和表达建议的祈使句（imperative），然后根据索取和给予将直陈句分为疑问句（interrogative）和断定句（declarative），而感叹句（exclamative）则是断定句的一个子类型，包括由 wh 开头而主语和限定词不用倒装的句子。换句话说，Halliday 首先承认感叹句的命题给予功能，而后才是情感抒发功能。从发生学的角度来看，感叹句的信息给予功能促使其改变了最初的限定词 + 主语的疑问句序，也就是说，是其功能选择了其形式。

---

① 1972 年 Quirk 等人使用 exclamatory 来指语法层面的感叹句，1985 年改用 exclamative。

6.1.2　其他外语类感叹句研究

　　进入 21 世纪，感叹句受到了广泛关注，研究语料已不仅仅限于英语。Zanuttini & Porter 从小句类型（clause type）的角度对 Paduan 语的感叹句进行了比较全面深入的调查研究，主要包括感叹句的句法和语义特征及其判定标准（Zanuttini & Porter 2000，2003）、感叹句的否定（Porter & Zanuttini 2000）以及名词性感叹句（Porter & Zanuttini 2006）等等。他们认为感叹句是与陈述句、疑问句和祈使句并列的四种小句类型之一，并提出感叹句的两个句法特征可描述为：

　　1. 必包含一个 wh 算子变量结构（wh operator variable structure）

　　2. 在 CP 领域必包含一个抽象语素 F（an abstract morpheme F）

　　而这两个句法特征分别表现了感叹句的两个关键性的意义内涵：

　　1. 感叹句因其算子变量结构而含有一个可供选择的命题集（a set of alternative propositions）；

　　2. 感叹句是事实性的（factive），即它们的命题内容是预设性的，而这种命题的预设性因其抽象语素 F 而获得。

　　Zanuttini & Porter 从感叹句的使用角度认为，感叹句因 wh 所提供的命题集而延展了量化领域（widen the domain of quantification），因此，感叹句具有事实性（factivity）和延展性（widening）两种意义特征。他们由此确定了判定感叹句的三个标准：事实性（factivity）、程度含义（scalar implicature）以及不能出现于问答性的对话中（inability to function in question/answer pairs）。

　　可以说，Zanuttini & Porter 注意到了 wh 在感叹句的特殊作用，并就此进行了深入细致的分析，但 wh 感叹句只是类型学上的感叹句的一个类别。汉语中有一类感叹句是感叹标记词＋愿望类动词，在这类感叹句中没有任何程度含义。而且对 wh 过多的关注导致其忽略了感叹句的基本功能，即情感抒发。可以说，没有情感的介入就不会有感叹句的存在，虽然情感介入的句子不一定都是感叹句。

Castroviejo Miró（2006）基于 Catalan 语的研究表明，感叹句不仅是一种被扩大了的程度结构，而且在赋予个体的这种程度中足以使说话者对其具有某种态度。也就是说，感叹句的两个基本要素应该是扩大的程度和说话者对其的态度。

Munaro（2006）研究了罗马语（包括意大利语、西班牙语和法语）中的无动词感叹句（verbless exclamatives），即谓语位于主语之前的无动词倒装结构。其对评价性谓语的研究表明，此类结构中 wh 的缺失对应于说话者试图在主语和评价谓语之间构建一种联系。指出，由谓语表达的性质特征必属于个体范畴，而这一事实是主语的内在特征呈现的结果。而且，比较性或相对性的最高级一般不会出现于感叹句中，这说明感叹句没有可比性，因为那样会限制评价的有效性。

当然，也有学者（如 Beijer 2002）认为没有独立的感叹句，感叹只是情感投射于陈述句、疑问句和祈使句的语用结果。这种说法未免有些偏激，因为所有的句子形式都是语言使用的结果。陈述句、疑问句和祈使句因其功能而分别获得了各自特有的表达方式，具有独立表达方式和话语功能的感叹句也应该独成一类。

6.1.3　现代汉语感叹句研究

6.1.3.1　20 世纪 80 年代之前

在汉语语法学界，一般学者都认为现代汉语感叹句被作为与陈述句、疑问句和祈使句并行的四大句类之一。20 世纪 80 年代以前对感叹句的论述只是散见于语法论著中，而且，不同的学者对于感叹句的命名和界定也是百家争鸣、说法不一。

1924 年，黎锦熙（1992）依据思想表达方面归纳一切句子的语气以及助词所表达的语气把句子分为五类：决定句、商榷句、疑问句、惊叹句和祈使句。而惊叹句具有助词"啊"及其变体"呀、哇"，表达的是惊讶、咏叹或其他种种心情。

1943 年，王力（1985）也依据语气词的不同，划分了确定、不定、意志和感叹四种语气，并细分为十二小类，其中感叹语气包括不平语气（吗）和论理语气（啊）。前者表示不平、怨望、感慨、不耐烦等情绪；后者则表示一种论理语气，似乎把自己的话认为一种大道理。

黎锦熙和王力都试图根据句子语气进行句子分类，但他们分类的依据却是形式上的语气助词，而语气助词与句子表达的语气并非一一匹配的（吕叔湘1982），如"啊"并非专属于感叹语气，陈述句、疑问句、祈使句都可以用"啊"来完句。多数语气词表达的是说话者对于建议或命题的一种评估（assessment）（Halliday 2004）。

1948 年，高名凯（1986）强调了语言表情功能的重要性，把感叹命题与否定、询问、疑惑、命令等命题列为五类句型并分别进行了讨论。他认为，"感叹"是一切感情的表达，而表情的语法只是把表知的语言用另一种方式来表达，即表达方式不同而已。他还归纳出了 7 种感叹命题的表达法：语调的变化、词的重叠、词序的颠倒、语法意义的代替、感叹词的运用、其他句型的借用以及呼句。高名凯对于感叹命题的论述非常宽泛，似乎要把语言的表情功能全部概括进去，因这种泛而不精无意中抹杀了感叹句与其他句型之间的区别。

最值得借鉴的是吕叔湘对于汉语感叹句的研究，早在 1942 年，吕叔湘（1982）把感叹语气界定为"以感情表达为主要任务"。他把本来的感叹句（即以表达感情为基本作用的语句）与其他带有感情成分的句子区别开来，并深入讨论了两种类型的感叹句：一类是含有指示程度的指称词或限制词，如"好、多、多么、这么"等；一类是既不用指示词，也不借助于疑问，主要靠语气词来传达的直接慨叹。他还借助"多、多么"以及文言文的"何如"都是借用疑问语气表感叹而指出了疑问语气和感叹语气之间的联系。

60 年代初，朱德熙（1998）从句子功能角度区分了陈述句、疑问句、祈使句、称呼句和感叹句。他认为，感叹句的作用除了表达情感以外，同时也可以报道信息，他由此确认了感叹句的信息传递功能和情感表达功能。

6.1.3.2　20 世纪 80 年代至今

20 世纪 80 年代以来，特别是 21 世纪以来出现了一系列研究感叹句的论文，内容主要涉及感叹句的句法特点（朱晓亚 1994；王光和 2002）、语义特征（许爱琼 1984；吕明臣 1998；石毓智 2004/2006）、语调（陈虎 2007/2008）以及就某类感叹句的专题研究等（程美珍 1982；郎大地 1987；杜道流 2003；洪邦林 2008）。

就句法特点而言，大致说来，把汉语感叹句分为有标记和无标记两类：有标记类感叹句是指带有感叹标记词的典型感叹句，而感叹标记词包括：好、多、多么、这么、那么、太、真、可等；无标记类感叹句则需要借助语境和语调，有时凭借句序变换、重复等特殊的句法结构来识别。

感叹句的语义特征表现为命题和情感。许爱琼（1984）从逻辑角度论述了感叹句与命题的逻辑关系，重申并确认了感叹句的命题表达功能；吕明臣（1998）则把语言中的情感指向分为自我指向、对方指向和内容指向三种，并以此为基础来界定感叹句，认为只有完成了情感表达的自我指向的句子才是感叹句。石毓智（2004/2006）则从认知角度探讨了疑问语气和感叹语气之间存在的认知语义关系。

语调对感叹句，特别是无标记类感叹句的判定起着举足轻重的作用。陈虎（2007/2008）基于语音库并结合试验，发现汉语感叹语调的主要语音特征是强重音与宽调域，调尾音阶也通常较低。在感叹语调内部，总存在一个或多个强重音，且强重音的位置可能位于调首、调中、调尾或全调。重音的加强与调域的加宽可以使陈述语调向感叹语调转化，反之，则使感叹语调消失。

就专题研究而言，程美珍（1982）讨论了关于"多么"在感叹句中作状语的问题，发现了其同现词语的特征，即"多么"后只能跟性质类形容词和心理类动词，且不能与其他程度副词共现。郎大地（1987）则从语义角度把名词感叹句分为两类：一是相当于一个命题的名词前有描写性修饰语的句子；一是只与一个概念相对应的没有描写性修饰语的句子。并提出构成名词感叹句的名词是专指的。杜道流（2003）主要考察了现代汉语中的独词感叹句，详细分析了由形容词、动词、名词、副词四类词所构成的独词感叹句的特点、类型以及这类句子对各类词的选择和限制，并指出形容词构成的独词感叹句占绝大优势。洪邦林（2008）对"好（一）个＋量词＋NP"句式研究表明，从名词类别上看，普通名词、专有名词或其他体词性短语，都可以作为被感叹的对象进入该结构。而在语用上，该感叹句式主要用于说话人对特定的人或事物表达或贬或褒的感情。

Viviance Alleton（王秀丽译1992）对现代汉语中感叹语气进行了综合性研究，他把感叹语气分为强调现在的（指示性）或转述的（复指的）表现，只指所论及的（事物）概念，而不涉及其他，他所提出的几个问题也很有启发性，如感叹副词和程度副词的区别、感叹与夸张的区别、感叹句和疑问句的区别。

综上所述，无论是国外还是国内，对感叹句的语法地位问题仍存在争议。国外多数学者把之与陈述句、疑问句和祈使句并列（Quirk 1985；Zanuttini & Porter 2003），有的学者将之至于陈述句之下（Halliday1985），有的则认为感叹句只是语用的结果，没有语法地位（Beijer 2002）。就现代汉语的感叹句研究而言，多数学者承认其具有区别句子功能类型的语法地位（吕叔湘 1982；王力 1985；朱德熙 1998 等），但也不乏反对的声音（徐杰 1987）。

现代汉语感叹句研究经历了从形式到语义的研究过程，研究范围覆盖句法特征、语义特征、语调等各个方面，但对感叹句内涵的界定仍然非常模糊。也许我们可以借鉴 Quirk 和 Halliday 的做法，把功能语义层面的感叹功能和词汇语法层面的感叹句或感叹语气区别开来。尽管表达感叹的语言方式多种多样，但是典型的感叹句却有着明显的感叹标记。除此之外，我们还应该把叹词与感叹句区分开来，因为叹词是从词类划分的角度来说的，而感叹句则是语法角度来说的，不能把从不同视角分析和界定的术语混为一谈。

与之相应，感叹句作为一种独立的句子类型，还应该拥有区别于陈述句、疑问句和祈使句的典型成员，而如何对感叹句进行界定还是一个亟待解决的问题。尽管吕叔湘对本来的感叹句进行了集中的论述，但对复杂的感叹句却未做深入分析。目前，我们为界定感叹句至少做好了如下铺垫：

首先，感叹句不同于陈述句。感叹句相似于陈述句，是因为感叹句与陈述句一样，都具有信息给予功能。但前者不可以加"吗"或"是不是"转换为疑问句，而后者可以。表达强烈程度的感叹标记词使感叹句传递的情感信息是一种基于预设的心理事实。同时，感叹句具有由强重音的感叹中心所表达的强烈情感，感叹中心多为感叹标志词＋态度词构成。无论说话者融入了多少感情在里面，"春天到了！"始终是陈述句。说话者选择的是陈述句的语言形式来传递自己的愉悦之情，在语法层面则没有感叹中心出现。

其次，感叹句不同于疑问句。疑问句虽然和表达疑问的疑问句互相排斥，但与反诘问句却有着相似之处，应该把感叹句和具有反诘语气的疑问句区别开来。反诘疑问句的重音往往在疑问词，而感叹句的重音在态度词构成的感叹中心。试比较：

（1）他多厉害啊！

（2）他多厉害啊！

如果语调重音只在"多"上，则为反诘语气，意为嘲讽；如果语调重音在"多＋态度词"上，则为感叹语气，意为赞扬。

最后，感叹句不同于祈使句。感叹句传递的是命题，而祈使句表达的是与行动相关的建议、命令、请求或劝说听话者做或不做某件事情的句子，如果说感叹句旨在传递说话者的态度，而祈使句则重在使听话者做出有所为或者有所不为的行动，因而后者的主语多为"你、您、你们、我们、咱们"。"滚！"固然蕴含着说话者的愤怒情感，但由于是对听话者行为的一种命令，所以是祈使句，而非感叹句。

基于以上比较研究，我们认为，对汉语感叹句首先应该进行基于语言事实的语言系统描述，然后再从功能语义的角度给出合理的解释。

6.2 对感叹句形式逻辑分析的质疑

Halliday（1985）主要从语言作为社会符号的功能意义角度区

分了语言的概念功能、人际功能和谋篇功能。从人际功能来看，作为交流的小句（clause as exchange）是作为一个涉及说话者或写作者和受众的交际事件而被组织起来的，对交际事件负责的主语（Subject）和与命题有效性相关的限定成分（Finite）共同构成语气成分，承担着作为交际事件的小句功能。

本文拟从人际功能的角度对 Zanuttini & Porter 的观点提出质疑，在汉英两种语言比较的基础上归纳出感叹句的功能语义特征，并进一步对汉语感叹句的语法特征进行描述和解释。

6.2.1 对 Zanuttini & Porter (2003) 的质疑

6.2.1.1 质疑命题的事实性

作为陈述句的一个特殊类别，感叹句的信息传递功能是勿容置疑的（Halliday 1985；朱德熙 1998）。形式逻辑学派（Grimshaw 1979；Zanuttini & Porter 2003）认为，与一般陈述句的命题陈述有所不同，感叹句总是包含一个预设（presupposed）命题，也就是说，感叹句的命题总是预设性的，或事实性的（factive）（Grimshaw 1979）。Grimshaw 提出两种验证方法：

其一，感叹句只能被嵌入事实性谓语后，如：

（3）Mary knows / *thinks/ *wonders how very cute he is.

其二，当感叹句被嵌入到主语为第一人称，谓语动词为现在时的 know 或 realize 后时，know 和 realize 不能被否定，否则为不合法，如：

（4）*I don't know/realize how very cute he is.

这是因为 know 或 realize 这种事实性谓语与感叹句的预设命题是相容的，而主观揣度性谓语 think 和 wonder 以及未知性谓语 don't know 或 don't realize 与感叹句的事实内涵相悖。

然而，事实上，并非所有的事实谓语动词都可以后接感叹句式，如 regret，resent，deplore 等，不仅如此，表示非事实的 I can't believe 却允许后接感叹句。由此看来，单纯地依靠形式句法是不能给出合理解释的。

Halliday（1985）认为语气用以体现人际功能，表达语气的小句是作为交际事件而被组织起来的。从语言的交流性来看，如果感叹句传递的是事实命题，那么在交流中，这个命题就是不可商讨的。试比较：

(5) The kid is very cute.

(6) How very cute the kid is.

(7) 这孩子很聪明。

(8) 这孩子多么聪明啊！

（5）、（7）是一般陈述句，包含"the kid is very cute/这孩子很聪明"这样一个命题，这个命题是开放性的，是可商讨的（negotiable），可以后接附加疑问句，如：

(5a) The kid is very cute, isn't he?

(7a) 这孩子很聪明，不是吗？

（6）、（8）感叹句也包含同样的命题"the kid is very cute/这孩子很聪明"。而这个命题并没有被讲话者视为交际双方已经达成的事实性的共识，同样是可商讨的，因为其后仍然可以后接附加疑问句，如：

(6a) How very cute the kid is, isn't he?

(8a) 这孩子多么聪明啊，不是吗？

如果说感叹句存在着预设命题，那么，这个命题只能是"感叹对象的存在"这一存在性命题，而绝非感叹句本身所传递的信息性命题。因为感叹句所包含的命题对说话者而言仍然是可商讨的。从表达内容上看，一般的感叹句是就人、事、物或人、事、物的某个性质特征表达一种出乎意料的惊叹。只有感叹对象预先存在，感叹者才能对其发出感叹。从这个角度说，感叹对象的存在是预设的，蕴含在感叹句中的，而感叹句本身所传递的情感信息却并非预设的。

另外，从现代汉语的感叹句看，汉语的感叹标记词，如"多（么）、好"可直接与"希望、盼望、渴望"等愿望动词同现。如"我多么希望自己是个百万富翁。"对应的英语句式有"How I wish I could be a millionaire."很显然，这些感叹句的命题并不是现实的事实性命题，相反，却是非现实的虚拟性命题。

6.2.1.2 质疑程度的扩展性

Zanuttini & Porter（2003）认为，程度的扩展性（widening）是感叹句的一个意义特征，"感叹句会扩展特征域，因为 wh 算子能够提供句子所推延的系列命题"。感叹句的这一特征是与感叹句的"惊叹之义"、"出乎意料"、"程度的极端化"等观念相关的。也就是说，感叹句引入一种习惯程度含义（a conventional scalar implicature）使其蕴含的命题处于语境提供的程度极端。

因此，"How very cute he is!"表明他的机灵程度超出人们平常所认定的机灵范围。比较以下两个句子：

（9）a. How very cute he is! —though he is not extremely cute.

b. He is quite cute. —though not extremely cute.

（9）b 可以被人们普遍接受，而（9）a 的可接受性却值得怀疑。他们据此来解释为什么感叹句不能被嵌入到 it isn't amazing 与 is it amazing 之后，其理由是这两种句式与感叹句所表达的惊讶性的程度是矛盾的。

由于 Zanuttini & Porter（2003）把感叹句仅仅限定在 wh 感叹句，其解释也似乎有一定的道理，但是汉语中部分感叹标志词却是由程度副词直接转化而来，如"好香啊！真热！"中的"好、真"是典型的感叹标志词。那么，其扩展义又是从何而来呢？

实际上，如果没有扩展理论，我们仍然可以从感叹句所表达的程度强烈性角度给出解释，因为这是程度性感叹句的基本功能。即使不用 wh，使用其他感叹指示词可以产生同样的效果。

6.2.1.3　质疑抽象语素 F

Zanuttini & Porter（2003）把感叹句的第二个句法特征描述为：在 CP 领域必包含一个抽象语素 F，正是 F 的存在成就了感叹句的事实性。其抽象语素 F 是指感叹句中用以修饰感叹中心的程度副词，如：How very cute he is. ／What a very cute kid. 中的 very。

very 之所以被认为是成就感叹句的语素，主要因为它能够使感叹句与疑问句区别开来。比如：

(10) a.　How very tall she is!

b.　*How very tall is she?

即使在英语中，也并不是所有的感叹句都具有此类所谓的抽象语素 F，事实上，大部分感叹句是没有此类抽象语素的。就汉语感叹句来说，其感叹标记词与其他程度副词是相排斥的，是不可同现的。比如：不能说"*多么很伟大的母亲啊！、*好很美啊！"因此，我们认为，所谓的事实性抽象元素可能是作者出于理论解释的需要而根据一部分感叹句推演出来的。

那么，汉语感叹句又呈现出哪些语法特征呢？这些语法特征又承载了怎样的意义或功能呢?

6.3 汉语感叹系统

由于汉语是分析性语言,其语法形式的标志是隐性的,不是非常明显,因而不同的学者对感叹表现形式的认识各不相同。鉴于形式与功能的非对称性,我们应该把句法形式上的感叹句和并非完全由感叹句来实现的感叹功能区别开来。就感叹句而言,感叹句因其功能需要,在语言演变中获得了专属的特有形式标志。根据系统功能语言学的观点(Halliday 1994),不同的形式承载着不同的意义,形式因其所实现的意义而获得,而不同的意义必然会在形式上有所体现。因而,本文希望通过分析汉语中带有形式标记的典型感叹句式,即吕叔湘(1982)所指的第一类本来的感叹句,来解读其所实现的人际功能。

6.3.1 汉语中的感叹标记词

为了叙述方便,我们暂且把指示感叹的"多么、多①、好、这么、那么、真、太、可"等程度副词或限定词称为感叹指示词。其所修饰的形容词(词组)、动词(词组)、介词短语"像……"等称为感叹中心,感叹对象可以在句中出现,也可以不出现。下面我们根据感叹指示词使用范围的大小,依次分析描述由它们所组成的感叹句式的句法构成和句法限制。

6.3.1.1 "多么、多、好"

"多么、多、好"三个感叹指示词的使用范围最广,可以后接

---

① 感叹句中的"多"和"多么"区别不大,"多"较之"多么"口语化更强。

形容词（词组）、动词（词组）和"像"字介词短语。既可以与所修饰的感叹中心共同构成谓语成分（如（11）—（16））；也可以与形容词（组）构成的感叹中心作定语来修饰作为体词的感叹对象（如（17）—（18））。

（11）这件衣服好漂亮！（朱德熙1998）

（12）我好希望可以离开他！

（13）天下的母亲多么伟大！

（14）多么像母亲的银丝！

（15）我们多么希望有好老师啊！

（16）我多想回家乡上学！

（17）好漂亮的衣服！

（18）多么可歌可敬的战将啊！

从感叹语气与疑问语气的关联性看，吕叔湘（1982：313）从历时角度提出"多、多么"是由疑问代词"多少"演变而来的，是借用疑问语气来表达感叹语气。而石毓智（2004）则从认知角度认为，感叹和疑问的认知关联性在于：人们所感知的现实现象，其性质、数量或者程度，在相当大的程度上超越了人们的知识背景或者生活经验，属于未知领域。对未知的事物，人们或提出疑问索求信息或发出惊叹表达情感。

"多么、多、好"这三个感叹指示词的共同点是：都不能与程度副词如"很、尤其、挺、非常、特别……"等同现于形容词或动词之前（程美珍1982）；句末都可以加语气词"啊"及其变体，如"呀、哇、呵"等。

除此之外，"好"与"多、多么"用法大致相同，多数情况下可以互换。但有三点不同：一是"多、多么"后不能跟量词构成体词感叹句，而"好"可以；二是"多、多么"可以用于条件从句中，强调程度，没有感叹的意味，如"无论多大困难，也要把环线修好"，而"好"没有此种用法；三是"好"的主观性较强，而"多么、多"客观描述性较强。通过 CCL 搜索，我们发现，"好希望"的主语都是"我"，而第三人称"他、她"后跟的多数是"多么希望"。

从文体色彩来看，"多"较之"多么"，口语化更强一些。

6.3.1.2 "（怎么）这么"或"（怎么）那么"

"这么、那么"是一对指示词，当空间或时间（包括心理空间和心理时间）上距离近时用"这么"，距离远时用"那么"。用于感叹句，一般后接形容词（如：（19）—（21））和"像"字短语（如：（22）—（23）），还可以后接名词构成体词感叹句（如：（24）—（25））。

(19) 北京的秋天，天空那么晴朗！阳光那么明亮！（吕叔湘 1982）

(20) 今儿个怎么这么热闹！（同上）

(21) 这小孩儿的字写得这么漂亮！

(22) 她终生喜欢他的这声低吼，那么天真，那么情急，那么像亲人。

(23) 这茨根怎么这么像一条龙。

(24) 想不到中国有这么好的音乐厅！

(25) 这么大的风！

感叹句中的"这么、那么"属于虚指指示代词（吕叔湘 1999），因为没有用来比较的事物。从认知角度说，"这么、那么"的感叹意味其实仍然源自其程度比较的含义，只不过程度之大已经没有了可比项，或者说本身已超出了已知的可比标准，超出了以往的认知经验。

也正是因为超出了已有的认知经验，"怎么这么、怎么那么"句式的疑问意味和反问意味就很明显多了，能清晰地展现出从疑问到感叹的发展轨迹。通过搜索 CCL 语料库，可以发现："怎么这么、怎么那么"中的问号和感叹号是混用的，界限并不明显。

（26）你怎么这么狠地打同学呢？（责问）

（27）今天的报怎么这么快？（疑+惊）

（28）今天的人民日报怎么这么快！（惊叹）

除了依靠语境可判断三个句子的差异之外，其语调重音也有区别：表达责问时，重音在"怎么"；表达疑惊参半时，重音在主题；而表达感叹时，重音在"这么"+感叹中心。

从表达倾向上说，当抒发与此时此地的事物或事情相关的情感时，一般用"这么"；而表达与以往的事物或事情相联系的情感时，则多用"那么"。此外，当通过多个感叹句连用以抒发强烈情感时，通常用"那么"，较少用"这么"，如（19）和（22）。

6.3.1.3 "真、太、可"

对于程度副词"真、太、可"是否具有感叹指示作用，不同的学者，观点也有所不同。吕叔湘（1999）认为"真"只是一个用来加强肯定的副词，表示"实在，的确"。如：真不错，宿舍收拾得真干净等。而朱德熙（1998）则认为"真"与其修饰的形容词一起充任独立的感叹句的谓语。如：

（29）真漂亮啊！

（30）这孩子真听话！

表程度的"太"可用于感叹，表示赞叹（吕叔湘 1999）。如：

（31）太好了！

（32）太感激你了！

（33）哥儿俩长得太像了。

由"太"引导的感叹句句末必须有完句成分"了"，并可再附加语气词"啊",合音为"啦"。此外,当"太"用于感叹时,重音在"太"上;而表示"过头"的不满时,重音在其所修饰的形容词上,如"太慢了。"因此,"太"后加中性形容词时,应该依据重音来判定是赞美惊叹,还是不满意的普通评判。如

(34) 这楼盖得太高了!

如果重音在"太"上,表示一种惊奇和赞叹;而如果重音在"高"上,则暗示可能由于楼高而挡住了视线所产生的些许不满。

"可"用于感叹句,可以后接形容词、心理动词和"像"字介词短语,句末通常用语气助词"了、呢、了啊(啦)"来帮助完句,但不能单独跟"啊"(吕叔湘1999)。如:

(35) 他汉语说得可好啦!

(36) a. 这鱼可新鲜呢!

　　　b. 这鱼可新鲜了(啦)!

　　　c. *这鱼可新鲜啊!

用"了"完句时可以加"啊",合音为语气词"啦"。用"呢"完句时不可以再加"啊"。与其他感叹指示词一样,感叹句中的"真、太、可"后不可以后跟行为动词。我们认为例句"你可回来了,真把人急坏了"(吕叔湘1999)是一个陈述句,仅用于传递信息;这里的"可"是语气副词,表达一种期待后的如释重负,相当于"终于"。

可以看出,"真、太、可"与所修饰的形容词一起只能充当独立感叹句的谓语,而且句末常需添加必要的语气词来辅助感叹。所以说,这三个程度副词还没有完全具备独立的感叹指示功能,还需借助语气词来共同完成感叹功能。

6.3.2 汉语标记性感叹句系统

根据感叹中心的句法功能，我们首先把感叹句分为谓词性感叹句和体词性感叹句。

6.3.2.1 谓词性感叹句

在谓词性感叹句中，感叹中心作为谓语成分出现，而作为主语的感叹对象可以出现，也可以不出现。根据感叹中心的功能类别，我们区分形容词类和动词类感叹句。依据形容词在句中的成分功能，分为表语类感叹句和"得"字补语感叹句；同时，借鉴 Martin（2000）对于现实性态度的分类，又可以把形容词分为鉴赏类、判断类和情感类。根据动词本身的意义区分以及衍生的句法功能的不同，我们把动词类感叹句分为感觉类和能愿类。

1. 形容词类感叹句

表语类形容词感叹句是最为典型的感叹结构，基本结构为：（主语）[1] ＋感叹指示词＋形容词组，说话者就人、事、物所具有的某种性质给出评价的同时，抒发自己的感慨，如：

（11）这件衣服好漂亮！

（29）真漂亮啊！

"得"字补语类形容词感叹句的感叹中心通常为：感叹标记词＋形容词，其位于"得"之后作程度补语，表达说话者对主谓所指行为事件的评价，如：

（37）她字写得真好啊！

（38）她哭得多么伤心啊！

---

① （ ）表示可以出现，也可以不出现。

处于"得"字补语位置的形容词前一般都可以加上感叹指示词而使整个句子变成感叹句，并通过感叹词来凸显说话者的态度。

Martin（2000）在其评价系统中把现实性态度分为情感、判断和鉴赏三类。情感是作为个体的人基于自身心理状态所表现的爱或恨的心理定位；判断是基于伦理道德的规则和惯例而制度化为建议的感情，是对人的言行所作出的善或恶的区分；鉴赏是基于美学基础上的价值判断而制度化为命题的感情，是对物体形态的美或丑的分辨。感叹句可以看作是一种特殊的评价结构，其评价的生成则是源于态度类词汇的存在。因此，我们借鉴其态度分类，把形容词类感叹句同时划分为情感类、判断类和鉴赏类。

第一类：（主语：人）＋感叹指示词（多、多么、好、这么、那么、真、太、可）＋情感类形容词。

情感类形容词用以表达人喜怒哀乐的情绪，如，高兴、伤心、惊讶、兴奋、气愤、痛苦、着急、生气等。在这类感叹句中，主语通常是作为情感主体的人，即情感发出者。或者是情感的自我抒发，此时主语为第一人称"我"，如"我终于成为党的人了，我是多么高兴！"或者是对第三者的情感归位，此时主语为第三人称，如"她多么伤心啊！"当主语为第二人称"你"时，无论是在描述过去发生的事情时，还是在转述听话者的话语时。这两种情境作为引语都已失去了感叹功能。这是因为，"你"在交流过程中是听话者，而对交际另一方的情感状态给予态度判定，显然是不礼貌的，也不易被对方接受。

第二类：（主语：人以及与人相关的事件）＋感叹指示词（好、多、多么、这么、那么、真、太、可）＋判断类形容词。

判断类形容词是指对人或者人所做的事依据社会准则或道德而给予的评判。例如：高尚、伟大、卑鄙、下流、无耻、会说、能干等等。这里需要特别指出一种特殊的结构，即表能力的"会、能"+动词构成的联动短语，如：会穿衣服①、会打扮、会说话、能喝、能睡、能吃等等。此类结构相当于英语中后缀为-（a）ble的形容词，表示某种能力和专长的具备和持有。因此，我们将其归入判断类形容词感叹句。此外，通常来说，判断类的主语与人相关，但在表示能力时，也可以指向动物，如：这头猪真能吃。

第三类：（主语：人、事、物）+感叹指示词（好、多、多么、这么、那么、真、太、可）+鉴赏类形容词。

鉴赏类形容词描述的是人、事、物的性质，或称描述类形容词，如，美、丑、好、坏、快、慢、高、矮、胖、瘦、难、易、逼真、荒凉、晴朗、先进、重要、漂亮、丑陋、优美等等。所有的感叹标记词都可以后跟性质类形容词构成感叹句，可以说，人们往往对超出其经验的人、事、物的性质抒发强烈情感。但是，由重叠形容词（如"干干净净、清清楚楚等"）、附有叠音后缀的形容词（如"绿油油、白茫茫"等）、已经含有表示程度修饰成分的形容词（如"雪白、火红、黑不溜秋"等）、叠韵或双声的双音节形容词（如"糊里糊涂、古里古怪"等）等状态形容词都不能进入感叹句式（程美珍1982）。此外，我们将"像"字短语感叹句纳入鉴赏类感叹句，因为"像"字短语作为介词短语构成一种比喻，来对人或事物的性质进行比拟说明，与鉴赏类形容词有着相同的功能。

---

① 吕叔湘（1982）曾认为，"好"不能修饰"会+行为动词"，如"会说话、会打扮"，但通过CCL和百度搜索，现代汉语中是可以这样用的。

2. 动词类感叹句

能被感叹指示语修饰而进入感叹中心的动词均为心理类动词（程美珍1982），如，"希望、渴望、爱、恨"等。而这些心理类动词又可分为三类。

第一类是诸如"想₁①、爱、恨、担心、喜欢、热爱、讨厌、想念、怀念、理解、了解、赞成、支持"等在内的情感类动词，如：

（39）各族人民群众是多么热爱总理啊！

（40）他是多么讨厌住在楼下的亲戚啊！

其感叹结构可表示为：（主语：人）＋感叹指示词（多、多么、好、这么、那么、真、太、可）＋情感类动词＋宾语。

同情感类形容词感叹句类似，此类感叹句的主语通常为人，即"人"为情感抒发的责任者，而且，此类情感动词往往后接宾语来作为情感的指向。如，例（39）中的"热爱"的发出体是主语"各族人民群众"，情感指向其宾语"总理"，例（40）中的"讨厌"的发出体是主语"他"，情感指向其宾语"住在楼下的亲戚"。

第二类是诸如"想₂、愿意、希望、渴望、盼望"等表达主观意愿的意愿类动词，如：

（41）我好希望离开他！

（42）她是多么愿意出去啊！

其结构可表示为：（主语：人）＋感叹指示词（多、多么、好、这么、那么、真、太、可）＋意愿类动词＋小句。

此类动词均可以后接小句来表达主观"希望"的事态，如例（41）中的"离开他"和例（42）中的"出去"。同情感类动词一

---

① 想₁意为希望、打算；以下的想₂则意为想念、怀念。

样，主观愿望的发出者也是人，也就是说，此类动词的主语往往也是"人"，如例（41）中的"我"和例（42）中的"她"。需要指出的是，意愿类动词感叹句表达的是一种非现实性态度，即还没有实现的态度，因而主语期盼"它"的实现。

第三类是表示客观需要的"需要"类感叹句，"需要$_1$"表示基于客观状况对事物的欲望或要求，其后接名词性短语作为宾语，如（43）和（44）。"需要$_2$"表示基于客观状况"应该有"或"必须有"的事态，后接小句，如（45）和（46）。

（43）孤儿院里的孩子多么需要爱啊！

（44）社会多么需要这样的牵线牵头作用。

（45）她是多么需要有人指点迷津啊。

（46）她们的生存状态多么需要通过家务劳动社会化来得到最基本的改善。

从句法构成来看，"需要$_1$"类似于情感类动词感叹句，而"需要$_2$"类似于意愿类动词感叹句。前两类表达的分别是一种主观的情感和意愿，作为责任者的主语通常为"人"，而需要类动词则强调一种客观的需要，其主语可能是"人"，如例（43）中的"孤儿院的孩子"和例（45）中的"她"，也可能是某种事物或事态，如例（44）中的"社会"和例（46）中的"她们的生存状态"。

6.3.2.2　体词性感叹句

体词性感叹句是指以名词性词组单独成句的感叹句，其中，作为名词性中心语的感叹对象是必现成分，而引发感叹、由形容词实现的事物性质则是可选成分。因此，根据名词中心语前是否有形容词修饰语出现，我们把体词性感叹句分为修饰语出现（形容词$^+$）和修饰语不出现两类（形容词$^-$）。

1. 形容词 + 体词性感叹句

在形容词 + 体词性感叹句中，感叹对象作为定中结构的名词性中心词出现，而作为定语的感叹中心通常是感叹指示词 + 形容词，一起修饰感叹对象。其结构为：感叹指示词 + 形容词 + 名词。可以用于此类体词性感叹句的感叹指示词有"（多）么、好、这、那么"，如：

（18）多么可歌可敬的战将啊！（18A. 这些战将多么可歌可敬啊！）

（17）好漂亮的衣服！（17A. 这件衣服好漂亮！）

（25）这么大的风！（25A. 风这么大！）

（47）那么晴朗的天空！（47A. 天空那么晴朗！）

如右边括号所展示，此类感叹句可以转换为形容词谓词类感叹句。但不同的结构具有不同的意义，体词性感叹句更加突出其名词性成分承担的感叹对象，感叹对象作为新信息出现在句末；谓词性感叹句则重在表现引发感叹的事物性质，故而形容词居于句末作为新信息出现。

需要说明的是，"真、太、可"不能用于体词性感叹句。不能说：

（17）＊a 真漂亮的衣服啊！

　　　＊b 太漂亮的衣服啦！

　　　＊c 可漂亮的衣服呢！

这一点进一步说明了"真、太、可"作为感叹指示词的受限制性和不稳定性。

此外，还有一种被普遍认可的修饰语出现的体词性感叹句结构："好" + "一" + 量词 + 形容词 + 名词"，如：

（48）好一个胖小子！

（49）好个①死不改悔的色魔！死到临头心里装的还是女人。

（50）好一幅动人的渔乐图啊！

这种结构更加突出了作为感叹对象的名词性中心。

2. 形容词‾体词性感叹句

我们把修饰语不出现的体词性感叹句标示为形容词，其类型较为庞杂，最典型的是："好"＋"一"＋量词＋名词"，如：

（51）好一个柳州！

（52）好个豪迈的老人家啊！

此类结构中的名词只能是特指，说话者就某个特定事物的特殊性而抒发感慨。如果感叹对象为听话者或认定的听话者时，可以说"好你个"＋名词：人，如：好你个家伙！有时，名词前可以有名词性限制语如：

（53）好一阵木樨香味！

（54）好一派北国风光！

口语中表达不满时，常用"这么、（你）这（个）"＋名词，如：

（55）这么个人！

（56）你这个糊涂孩子！

文学语言中，用多个名词抒发感情时，用"那"＋名词，如：

（57）那巴黎的夜晚！那夜晚的巴黎！

需要说明的是，在没有修饰语出现的体词性感叹句中没有明确的态度表达，但这并不是说，这类感叹句就没有态度性。只不过，

---

① "好一个"在口语中常简略为"好个"，下同。

其态度性需要借助语境来辨别，语境依赖性较强。

6.3.3 汉语标记性感叹句系统

综合上述，可以勾勒出汉语标记性感叹句系统，如图 6 – 1 所示。

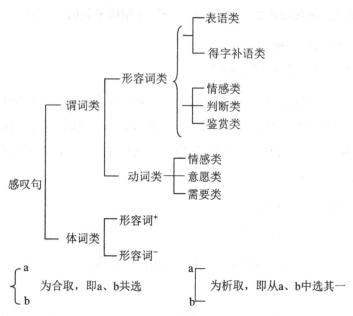

图 6 – 1 汉语感叹句系统

首先，我们根据感叹中心的句法功能把感叹句分为谓词类和体词类感叹句。谓词类感叹句由动词类和形容词类组成。从句法构成看，形容词类可分为表语类和"得"字补语类；从评价态度看，形容词类又可分为情感类、判断类和鉴赏类。在没有感叹对象出现的形容词类谓词感叹句中，听话者/读者可以根据语境来获知感叹对象。动词类感叹句由情感类、意愿类和需要类组成，意愿类动词用以实现非现实类态度。情感类形容词感叹句、情感类动词感叹句和意愿类动词感叹句中的主语为态度的责任者，即其态度的发出者是作为主语的人。除此之外，感叹句的态度均来自说话者。

体词类感叹句分为形容词⁺（修饰语出现）和形容词⁻（修饰语不出现）两种。如前所述，表语类谓词性感叹句可以和修饰语出现的体词性感叹句互换。区别在于信息焦点的不同，前者信息焦点在句尾的感叹对象，而后者在句尾的形容词所表现的物体特征。态度修饰语不出现时，说话者旨在就某个具体的感叹对象（或人、或物、或事）发出感慨，说话者的态度需要借助语境来获得。

6.4 感叹特征的功能阐释

6.4.1 态度的赋予性

感叹句必然包含着说话者的态度，不包含态度的感叹句是不存在的，这是由感叹句的基本的传情功能决定的。感叹句的基本功能就是表达感情，而且用以表达强烈的感情，传情中必然包含着传情者的态度。

感叹句的态度赋予性必须具备两个基本要素：态度聚焦对象和态度。感叹句的态度聚焦对象就是感叹对象，可以是人、物、事。前两者一般由名词来担当，如（58）、（59），后者往往由小句来实现，如（60）。

（58）多么伟大的母亲！

（59）这件衣服多漂亮啊！

（60）这件事做得多么漂亮啊！

一般由形容词实现的对人、物、事性质特征及品行的感叹表达属于现实性的态度，其态度传递的手段可以由形容词、副词、动词以及具有态度内涵的名词来承担。由表愿望的心理动词实现的非现实性态度多为由小句实现的事件。

根据 Martin（2000）的观点，态度可以分为现实性和非现实性。现实性的态度是指对现实中存在的人、物、事所作出的好或坏、美或丑的评价。现实性态度可分为情感、鉴赏和判断。情感是作为个体的人基于自身心理状态所表现出的爱或恨的心理定位；判断是基于伦理道德的规则和惯例而制度化为建议的感情，是对人的言行所作出的善或恶的区分；鉴赏则是基于美学基础上的价值判断而制度化为命题的感情，是对物体形态的美或丑的分辨。而非现实性态度用以表达说话者的愿望和期待为感叹对象的，英语中多用 wish，hope 来实现，汉语中主要包括"希望、渴望、盼望"等表愿望的心理动词。此外，从态度的价值取向来看，态度还可分为积极态度和消极态度。

由此，我们可以把感叹句的态度赋予系统描绘如下图所示：

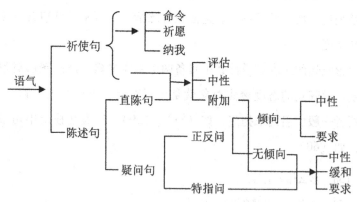

图 6-2　感叹句中的态度赋予系统

6.4.2　心理事实的主观性

感叹句的态度赋予功能决定了感叹句的另一特征，即心理事实的主观性，也就是说，感叹句表达的是说话者的心理事实。这种心理事实性可以通过感叹句不能转换为疑问句得到验证，比如：表疑问的"吗"不能用于感叹句。而感叹句的心理事实具有主观性，也就是说，凡是涉及说话者态度的命题都是主观性的，因为说话者的态度是由其个人的价值观和审美观所决定的。仁者见仁，智者见智。说话者的价值观和审美观不同，其对对感叹对象赋予的评价也就不同。

Elliot（1974）发现，英语感叹句式 what a（adj.）N 只能被嵌入像 amaze，surprise，be incredible，significant，important，relevant，fantastic，alarming，awful，surprising，terrible，tragic 等情感动词之后。无独有偶，程美珍（1982）指出，汉语感叹标志词"多么"后只能接诸如"想、爱、担心、喜欢、热爱、讨厌、想念、怀念、理解、了解、需要、赞成、支持、愿意、希望、渴望、盼望"等心理动词。这一同现特征凸显了感叹句的主观性，与感叹句的主观性是匹配的、一致的。

如果说程度感叹句传达了一种事实，这种事实也绝非具有逻辑真值意义上的客观事实，而是由说话者所认定的心理事实。Elliot（1974）指出动词 know 可以后接感叹句，而其否定形式 don't know 在主语为第一人称时不能后接感叹句。这是因为后者与说话者的事实认定性相违背。正是出于感叹句事实表达的主观性，感叹句不能被嵌入表达客观事实的 it is a fact 句式中。

因此，我们说感叹句所传达的命题是一种由说话者主观认定的心理事实，完全不同于具有逻辑真值的客观事实。

6.4.3 经验的逆向性

很多语言中都存在着 wh 感叹句，即由疑问词引导的感叹句。吕叔湘（1982）指出了这类感叹句是借用疑问语气来表感叹。Halliday（1985）则从发生学的角度指明了二者间的演变过程，即这类感叹句是由疑问句转化而来的，后来由于限定词 + 主语的句序已专属于疑问句而将语序调整为主语 + 限定词。Zanuttini 和 Porter（2003）对 wh 作出的语义解释是，与疑问句相同，这些疑问词提供系列命题（a set of propositions），从而为命题的扩展（widening）提供了先决条件。石毓智（2004）从认知角度对疑问句和感叹句的认知基础进行了阐释，即当人们所感知的现实现象，其性质、数量或者程度，在相当大的程度上超越了人们的知识背景或者生活经验时，人们就会发出疑问或者感叹，二者都属于此前的未知范围。

毋庸置疑，疑问语气与感叹语气确实存在着某种内在的历史和认知联系。石毓智的观点有一定的解释力，由于感叹对象超出了人们的经验范围，从而扩充了人们头脑中的固有图式，并以此产生新的图式。汉语中的"这么、那么"感叹句就是意在为交际者提供一个新的图式标准。

（61）山上空气这么新鲜！

（62）北京的秋天，天空那么晴朗！阳光那么明亮！

从（61）我们可以得出这样的判断：山上空气新鲜程度超过以往"我"所知的空气新鲜度，从而知道了什么叫新鲜空气！同样，（62）也是为"我"展现了一幅"晴朗的天空和明亮阳光"的新图景。引申开来，我们认为英语中运用虚拟语气作为表达感叹的一种手段也是由于其逆向性的经验推理。通过 If only I could make them

understand my point of view!（Quirk et al 1985）我们根据这个感叹
句可以进行逆向推理，即根据以往经验，他们不理解我的观点，如
果能让他们理解我的观点该有多好啊！从而表达了一种试图扩展他
们未知阈值的希望情感。

6.4.4 程度的强烈性

但是，并不是所有的感叹标记词都是由疑问词转化而来，汉语
中的程度副词"好、真、太、可"都可以作为感叹标记词，特别是
"好"同"多么、多"一样，已基本固化为专门的感叹标记词，而
"真、太、可"只能被用于谓词性感叹句的标记词，多数情况下它
们还作为程度副词被大量使用，因而其感叹标记词的独立地位仍处
于发展演变中。程度副词作为感叹标记是与感叹句的强烈情感抒发
功能所决定的。感叹句的功能就是抒发强烈的感情，而感叹句中的
程度副词都具有强化情感强度的功能。

从语音手段来看，感叹句一律是强降调，感叹标记词和感叹特
征被赋予重音以增强感叹效果（陈虎 2007）。因此，"太"后加中
性形容词时，应该依据重音来判定是赞美惊叹，还是不赞同的普通
评判。如：这楼盖得太高了！如果重音在"太"上，表示一种惊奇
和赞叹；而如果重音在"高"上，则暗示可能是由于楼过高挡住了
视线风景而产生某种不满情绪。

语调重音还可以用来区分"怎么这么、怎么那么"的反问用法
和感叹用法。这两种用法在现代汉语中是并存的，与疑问向感叹发
展的轨迹是一致的。通过对 CCL 语料库的搜索，可以发现"怎么
这么、怎么那么"中的问号和感叹号是混用的，疑问和感叹的界限
并不明显。

（63）你怎么这么狠地打同学呢？（责问）

（64）今天的报怎么这么快？（疑＋惊）

（65）今天的人民日报怎么这么快！（惊叹）

除了依靠语境之外，这三句话的语调重音也有区别。表达责问时，重音在"怎么"；表达疑惊参半时，重音在主题；而表达感叹时，重音在"这么"＋感叹中心。可见，重音赋予了感叹句的感叹中心以全句的焦点信息功能，从而凸显了情感程度的强烈性。

第七章　汉语中的极性和情态

汉语中的极性指分别表肯定和否定的"是、不"两极。英语中表应答的"yes"和"no"，词性是叹词，只能单说，从不与其他成分组合。而汉语里的"是"和"不"本身是谓词，可以入句作句法成分，即使在应答时也可以发生句法组合，如"你是张三吗？——正是"、"你昨天来的吗？——不对"。而且"是、不"也可以换用其他同样属于谓词的词语来应答，如"对、对呀、没错、不错"等。所以，汉语用"是/不"应答性质上跟英语用 yes/no 应答并不完全等同。（刘丹青 2008：9）也就是说，英语极性与命题相关，而汉语极性与说话者态度相关。Halliday（1985，1994，2004）在对汉语的研究中，同样区分了英汉语中极性的不同，把英语极性归入谓语（非语气成分），而把汉语极性归入语气成分。

几乎在所有的语言中，肯定是无标记的，而否定是有标记的。英语中除了否定词"not"，还包括"little，few，never，hardly"等有限的含有否定的词汇；汉语的否定系统相对比较复杂。大致来说，"不"用以否定形容词和动词，"没（有）"否定名词，"别（甭）"用于否定祈使句。语言学家对情态的研究源于逻辑学中的模态研究，即对真值的可能性或必然性。因而，多数语言学者把情态与真值或表现真值的命题相关联，其中，对情态研究较为系统且影响颇深的当数 Palmer（1979，1986，1990，2001/2007），将情态作为语言类型学的三大范畴之一，与时、体并列。

在系统功能语言学的体系中，Halliday（1985，1994，2004）

区分了语言的经验、人际和谋篇功能，明确把情态纳入到人际意义的伞盖之下。指出，情态介于是、否之间，用于表达说话者对命题或建议的态度。Martin（2000，Martin & Rose 2003）在其评价系统中突出了情态的介入功能，指出，说话者的这种介入性扩大了话语的商讨性。这里情态概念采用 Halliday 的定义，以下对汉语情态系统的构建也是借鉴 Halliday 对英语情态系统的描述。通过构建汉语情态系统，一方面我们描述了一些典型情态词的语法和语义特征，另一方面讨论了情态的话语功能。

7.1 汉语情态系统

7.1.1 汉语情态研究

Halliday（1994）把情态定义为介于"肯定"和"否定"之间，实现方式有情态助动词、情态副词、情态名词等。汉语情态助动词是一个独立封闭的类，具有自己的语法特征，而且数量有限。我们结合彭利贞（2007：92）和徐晶凝（2007：253）对情态助动词的界定，归纳了情态助动词的七种句法特征：

1. 不能带"了、着、过"等体标记。
2. 不能重叠。
3. 可以用"不"而不能用"没"来否定。
4. 可以单说。
5. 不能用于"所"之后。
6. 可以后接动词性谓语。
7. 可以放在"～ 不 ～"结构中。

传统语法中把情态助动词又称为能愿动词，王力（2000：75）

把主语后含有能愿动词的句子称为能愿式，指出，能愿式着重"陈说意见或意志"，能愿式往往是叙述一件未成的事实；即使是已成事实，说话人也只重在叙述一种意见或意志。其对能愿式的分类如下：

图7-1　王力能愿式分类

可能性是从个体倾向性来看，包括个人能力。必然性是主观心理来看。必要性是指客观因素的必要。

吕叔湘（1982）基于逻辑模态首先区分了可能性和必要性，然后又分别从个体主观性、环境客观性和个体揣测性（估计）角度将可能性分为个体能力、环境许可和或然性，将必要性分为主观必要、客观必要和估计必要，客观必要包括事实必要和情理必要两类，下表中给出了相应的例词。

表7-1　吕叔湘的情态助动词分类

	可能性	必要性
主观性	个体能力：能、会	主观必要：要、欲、肯
客观性	环境许可：可以、　（不）得（de）	事实必要：得、要、必须
		情理必要：应该、应当
估计性	或然：会	估计必要：该、一定、想必

马庆株（1992）根据能愿动词所在的从左到右的位置顺序划分了六小类。

1. 可能动词 A 类——可能

2. 必要动词——得（děi）、应、该、应该、应当、许得、必得、要₁、犯得着、犯不着

3. 可能动词 B 类——会、可、可以、能、能够、好、免不了、得以、容易、来得及

4. 愿望动词——乐意、愿、愿意、情愿、想、想要、要₂、要想、希望、企图、好意思、乐得、高兴、乐于、肯、敢、敢于、勇于、甘于、苦于、懒得、忍心

5. 估价动词——值得、配、便于、有助于、难于、易于、善于、适于、宜于

6. 许可动词——准、许、准许、许可、容许、允许

各类能愿动次在线性序列上的排列规则，总是类号小的在左，类号大的在右。而且序号可以相邻，也可以不相邻。马庆株（1992）对于能愿动词的分类就是基于它们的连用顺序，如，因为可能 A 总是居前，所以把它从可能 B 中剥离单独作为一类。至于为什么会有这样的顺序，并没有给出解释。

7.1.2 Halliday 的情态系统

Halliday（1985，1994，2004）从三个方面对情态进行了分类描述，分别是类型（type）、取向（orientation）和量值（value）。首先，从情态的类型来看，根据小句的交流物是信息还是物品或服务，将情态分为模态（modalization）和意态（modulation），含有模态的小句是命题句（proposition），而包含意态的小句是建议句（proposal）。"是"或"否"的模态是可能性（probability），"是"且"否"的模态是通常性（usuality）；命令中的意态为义务性（obligation），提供中的意态为意愿性（inclination）。

情态的价值是指情态值的高低，如果我们把极性中的肯定设置为1，否定设置为0，那么介于之间的情态值可分为 3/4，/1/2 和 1/4，即高、中、低三个情态值。如英语中的 must 是高值情态，can 是中值情态，may 是低值情态。情态值越高，表明说话者对命题或建议的自信度就越高，反之，则反映了说话者的犹疑。

从情态取向来看，根据说话者态度的呈现方式把情态分为客观情态和主观情态，同时又分别包含隐性和显性表达。在显性主观情态中，说话者常常出现，如英语中的 I think，I'm sure。说话者不会明显存在于隐性主观情态中，但我们可以感知出说话者的主观态度，如英语中的 should。说话者在显性客观表达中被完全掩盖，如英语中的 It's likely，在隐性客观情态中，说话者力图客观地呈现自己的态度，如英语中的 be supposed to 结构。由此，Halliday 的情态系统描述如下：

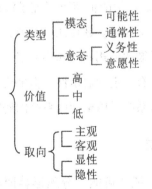

图 7−2　Halliday（同上）的情态系统

Halliday 的情态系统从意义入手，具有语言类型学上的普遍性，因而可以以此为框架来描述汉语情态系统。需要说明的是，情态表达的是说话者的主观态度，Halliday 对主观情态和客观情态的划分是强调表达形式的主观性倾向和客观性倾向。如"I think"凸显说话者，为显性主观；而"It's likely"则特意隐藏说话者，为显性客观；will 与相对主观的个人意愿相关，为隐性主观；而 can、may 则与相对客观的个人能力、环境许可相关，为隐性客观。

功能语法强调语言的意义，从意义入手来审视形式的差别。即所有的语言形式都以意义为依托，不同的意义以不同的语言形式来体现，而不同的语言形式必然表现为意义的差异性。就情态而言，同为隐性客观情态，can，may，must 的差异在于其量值的高低；同为中值情态，I think，can，It's likely 的区别在于说话者表达的主客观取向。那么，汉语的情态系统又呈现出什么样的特征呢？是否和英语情态系统具有一致性呢？

Halliday 的情态系统从意义入手，基于语言的交流性功能，关注说话者对话语的态度和介入性，具有语言类型学上的普遍性，因而可以以此为框架来描述汉语情态系统。如前所述，朱永生（1996）在系统功能语言学的框架下研究了汉语情态助动词，并与英语的情态系统进行了比较。魏在江（2008）对英汉情态隐喻进行了对比研究，指出了彼此的相同点和不同点。朱永生和魏在江的研究对汉语情态研究具有一定的启示性，但缺乏系统性和全面性，本研究尝试就汉语情态系统予以全面而系统的研究。

7.1.3　汉语情态系统

吕叔湘（1999）把"可能"分属形容词和副词，形容词表示"能成为事实的"，可以修饰名词，如"我看这是可能的事情"，可以单独做谓语，可以被"很、完全"等程度副词修饰，如"他临时改变计划，这完全可能。"而副词表示估计，意为"也许、或许"，可以用在动词前或主语前，如"（可能）大家（可能）还记得这件事"。而 马庆株（1992）则把"可能"视为能愿动词，指出，与其他能愿动词连用时，总是居前。

朱永生（1996）在系统功能语言学的框架下研究了汉语情态助动词，并与英语情态系统进行了比较，指出，汉语情态助动词并没有模态类型的通常性。如果说情态用以体现说话者态度的人际意义，那么，无论是英语还是汉语，通常性与人际意义之间缺乏一定的相关度。因此，我们赞同朱永生的观点，对通常性不予讨论。

蔡维天（2010）从语法化视角，剖析了汉语模态词的分布与诠释之间的对应关系。他把汉语模态词分为知识模态词、义务模态词和能愿模态词。知识模态词与说话者对现实世界的认知有关，为"言者主语"。如在"台风刚走，明天能上山了。"中，"能"是说话者依据相关知识所作的对整个命题事件的推测。义务模态词以句法主语为中心，意在对主语的行为予以允准。如"小 D 下个月就能出狱了。"而能愿模态词则受制于主语的主体意识，如"小 D 很能（想）吃辣。"这里的"能、想"仅仅是对主语能力或意愿的一种陈述，与说话者的意志无关。

蔡维天重在阐释汉语模态词从能愿—义务—知识的共时演化历程。就情态范畴分类而言，自从 Palmer（1979）沿用 von Wright（1951）对知识（epistemic）情态和道义（deontic）情态的划分，已被学者广泛接受，虽然有时所用术语不同，如 Halliday（1985，1994/2000）的模态和意态之分。而对于能力和意愿是否归入情态范畴，则持不同意见。von Wright（1951）虽然在其分类系统中没有纳入，但在注解中将能力和倾向性命名为动态模态（dynamic modality），也说明了其在情态系统的边缘性。Halliday（1985，1994/2000）把能力（ability）排除在情态范畴之外。

从能力与情态的演化关联性来看，汉语的助动词"会、能"均是由表能力的实义动词演化而来。这些助动词又因其表达"可能"

和"意愿"之义，汉语法学者又称其为能愿动词（黄伯荣、廖序东，1991；马庆株，1992；邵敬敏，2007）。因此，我们倾向于把表能力和愿望的情态助动词归入情态系统。那么，由能力转化来的情态助动词"能、会"把说话者的主观态度包裹在情态的客观表达之中；而由意愿转化来的"要"则强调了表达的主观性倾向。

由此，我们把汉语情态类型分为三大类，表可能性的情态、表义务的意态、能力和意愿。"大概、也许、可能、肯定、必然"等情态副词归属情态可能性，承载说话者对命题的主观判断。而"会、能、要"这三个典型的单音节情态助动词则同时体现情态、意态、能力或意愿意义。

根据 Halliday（1985，1994/2000）的情态隐喻概念，"我想（看）、想必"为显性主观情态，彰显说话者的主观判断；而"众所周知、听（据）说"因为隐藏了说话者的判断而表现为显性客观。"大概、可能、或许、八成、一定、肯定"等情态副词表达的是对命题的推断，已经获得了一种说话者对表达命题的主观倾向性态度，同时，这种主观性态度的发出者又是隐性的。

从情态量值来看，如魏在江（2008）所言，相对于英语，汉语情态级别的模糊性更强。也就是说，汉语的情态量值不像英语那样明显，如，"可能"前经常添加程度副词"很"或"不太"来增强或减弱其量值。语料搜索结果表明，汉语语料库 CCL"很可能"用例为 5311 条，英语语料库 BNC"very possible"用例为 22 条。当然，并不是说汉语情态没有高低之分。相反，汉语情态同样存在量值的差别，特别是对于情态副词而言，如"大概、或许、可能"是低值情态，而"一定、肯定"则为高值情态。

由此，我们得到以下情态列表。

表 7－2　汉语情态系统及其体现形式

		情态：可能性	意态：义务	能力	意愿
显性主观		我想（说、看）、想必	希望		愿（意）
隐性主观	低	要、估计	要	会、能	要、肯
	高	肯定、一定	一定		
隐性客观	低	会、能、（需）要、应该、大概、也（或）许、可能、八成	会、能、可以		
	高	必须、必然、必定	必须、不得、得（dei）		
显性客观		众所周知、据（听）说			

需要说明的是，"必须"由"必"和"须"合并而成，重在表述自然规律、人定规则的不可违背，因而我们将之归为隐性客观情态，现代汉语中的"必须"同时具有命令的意态功能，因其词源的"客观性"获得了一种"不可违背"的强制性。

汉语情态系统是一个非常复杂的语义范畴，这里我们不可能给出穷尽的描述。此列表仅仅涵盖了各类情态在汉语中的典型体现

"可能"作为一个表达说话者态度的主观情态词，传递说话者对某个命题的揣测和估量。由于汉语缺乏形态变化，很难对兼有助动词和副词功能的"可能"进行此类划分。这里我们姑且避开"可能"的词性归属问题不谈，但是我们可以根据"可能"的句法位置讨论其语义特征及其限制范围。

我们看下面两组例子。

(1) A. a. 可能明天他要回家。b. 可能昨天他已经拿走了东西。

　　B. a. 明天可能他要回家。b. 昨天可能他已经拿走了东西。

C. a. 明天他可能要回家。b. 昨天他可能已经拿走了东西。

D. a. ＊明天他要可能回家。b. ＊昨天他已经可能拿走了东西。

E. a. 可能昨天他把东西拿走了。b. 可能昨天东西被拿走了。

F. a. 昨天可能他把东西拿走了。b. 昨天可能东西被拿走了。

G. a. 昨天他可能把东西拿走了。b. 昨天东西可能被拿走了。

H. a. 昨天他把东西可能拿走了。b. ＊昨天东西被可能拿走了。

可见，"可能"只能居于谓语之前的成分，即句首、主语前、主语后、谓语前。即使居可以居于时态副词"已经"之后，CCL的搜索用例也较少。在"把"字句中，"可能"通常被置于"把"之前，但也可把"把"＋宾语提前，"可能"被置于谓语动词前。"被"字句中的"可能"只能被置于"被"之前，这是因为"把"用以控制宾语，构成介宾短语，而"被"则用以控制动词，构成的是动词词组。

当"可能"居于句首时，其语义范围有两种可能，一是对整个小句命题的推测，二是对其后成分的推测。如：

（1）A. a-a. 可能明天他要回家。a-b 可能明天他要回家。

对整个命题推测是无标记的，对其后成分的限定是有标记的，需要对其后成分进行重读。（1）A. a－a 是对"明天他要回家"这一命题的估量，（1）A. a－b 则仅仅是对时间附加语"明天"的推测，"他要回家"是事实，但可能是明天，也可能是后天。

主语前的"可能"同样具有两种语义范围。

（1）B. a－a. 明天可能他要回家。a－b 明天可能他要回家。

与（1）A. a－a "明天他要回家"的限定不同，（1）B. a－a 是对"他要回家"的限定，对于"明天"则是无异议的。如果重读主语"他"，其限定范围则仅仅在于主语，可能是"他"，也可能是其他人。

当"可能"位于主语后与其他情态助动词连用时，根据马庆株（1992），"可能"与其他能愿动词连用时，总是居前，如"要可能、会可能、能可能"都是不可以的，这与其限定功能息息相关。我们通过 CCL 和百度搜索时发现，此类用法在网络语言中此类说法有上升趋势，多用于帖子或新闻标题，如：

(2) a. 要是萨姆不来，还要可能会发生什么事，她就把头垂得更低，把眼睛闭得紧紧的。(ccl)

b. 但是他却从来没想过会可能会被当作逃兵抓起来。

c. 只要能在这个莉丽身上打开缺口，这个案子就会可能有突破。

d. 今后 7 年必须保持不低于 5.3% 的实际增长率，才能可能如期实现小康目标。

e. 关于用车钥匙遥控车窗，不知是否要可能团改？（百度）

f. 北京公交月票三个月后要可能被废除

g. 强子对撞机探索宇宙开启 称会可能终结世界！

h. 感恩节中国央行会可能怎样做？

i. 姆大陆和大西洲会不会可能就是同一个大陆啊？

j. 请问单位帮我交了外来综合保险，我的颈椎病能可能报销费用吗？

k. 现金卡能不能可能循环使用？

需要指出的是，谓语动词前的无标记"可能"不仅仅限定动词本身，而是对谓语及其后所有成分的限定。如(1)C. b 中的"可能"是对"已经拿走了东西"的限定。如果仅对谓语动词限定，则同样需要对其进行标记化的重读，意为可能是"拿走"而不是"扔掉"或"送人"了。

由此可见，从"可能"的语义范围来看，其限定内容涵盖整个小句、小句主语、谓语、状语等。虽然其常常居于谓语动词前，但

"可能"主要是对其推测内容的一种限定作用。"可能"只能限定其后的命题或成分，也就是说，越居前，其限定范围越大。

"可能"还可以被程度副词"很、不大（太）"修饰，以强化或减弱其推测的可能程度。CCL"很可能"用例为 5311 条，英语语料库 BNC 中的 very possible，very probable 的用例分别仅为 22 条和 23 条。

《现代汉语八百词》把"必须"视为副词，表示事实上、情理上必要。也就是说，在命题句中，"必须"表示对基于事实的客观规律必要性的推测，如例（3）a、（3）b、（3）c；而在建议句中，则表示基于情理的人为规定性的法律、法规、习惯或要求等，如例（4）a、（4）b、（4）c、（4）d。

(3)a. 为了提高飞机的速度，必须冲破空气墙设置的障碍。

b. 由于 M 不可能无穷大，$1 - V2/K$ 必须大于 0。

c. 一个好的群众演员，必须脑子转得快。

(4)a. 一切使用土地的组织和个人必须合理地利用土地。

b. 规定五品以上官员必须随身佩带。

c. 在旗的规矩多，就是习气大，早上必须喝点茶，早茶。

d. 王岐山要求北京市各区县、各单位在 7 月 1 日前必须全面完彻实施行政许可法的准备工作。

"必须"是一个高值情态词，在命题句中表现了一种不可违背的必然性；在建议句中则有一种居高临下的命令口吻。通常居于主语后，谓语前。当居于主语前时，对主语有对比上的强调作用。例如：

(5)a. 我的徒弟有多大本领我清楚，有些重伤必须我亲自去治。

b. 这意思似乎是说：以后她不预先买，必须我们买的了。

c. 白居易对元九讲得头头是道，振振有词，当真正必须他"奉身而退"时他能"放松"吗？能甘心吗？

例（5）a 强调的是"我亲自"，别人不行；例（5）b 中的"我们"与前句的"她"对比而言；（5）c 中的"他"也是强调"他（白居易）自己"。

从"必须"与其他情态词的连用来看，有"可能必须、必须得、必须要、要必须、必须能（够）"，"必须应该、应该必须"多出现于网络语言，CCL 仅有 1 例。

从英汉互译的角度来看，命题句中的"必须"与英语的"have to"更接近，多为法律条款或说明书中的规定。

（6）Goods must be as described-on the pachage, a display sign or by the seller.

货物必须与其说明相符合，——无论这种说明是印在包装上的，写在展示牌上的还是售货员说的。

英语命题句中的"must"多译为"一定"。建议句中的"must"多译为"得、该、一定（会）"。"have to"多译为"不得不"。

（7）a. Your younger sisters must be very young.

你的妹妹们一定还很小吧。

b. I must go instantly to my mother.

我得马上上妈妈那儿去。

c. After the accident she had to have surgery.

那次事故后她不得不做手术。

应该、应当、应、该

（8）a. 专家呼吁这一问题应该引起有关方面的重视。b. 他提醒我应该明白自己的身份。

c. 从口音判断他应该是一个来自其他中东国家的外国人。

d. 你们是客人应该我请你们吃饭。

　　e. 大太太不在，应该我去发言。

　　同"必须"一样，"应该"可以表达一种基于客观事实上的必然性，两者可以互换；不同的是两者的情态值，前者是高值情态，口气强硬，而后者是中值情态，口气缓和。而且，当"应该"居于主语前时，同样是对主语的一种对比突出。此外，它还可以表达一种基于事实证据的推测，这时可以高值情态词"肯定"替换。

　　"得"是使用于口语中的一个高值情态词，表示主观或客观需要上的一种必然性。

（9）a. 看看吧，她准得来。

　　b. 他到逢年过节，他必须得忙。

　　c. 要学会一门技术，就得刻苦钻研。

　　"可以"是一个低值情态词，用于命题句时表可能，用于建议句时表许可；前者否定为"不能"，后者否定为"不能"或"不可以"。多用于谓语前，用于主语前同样对主语具有对比强调作用。

（10）a. 我们可以用仪器记录下来。

　　b. 头发可以阻挡阳光对头部的直接照射。

　　c. 他们的调整可以抵消我的优势。

　　d. 没人能帮你，只有一条路可以走。

　　e. 你们可以再复印一份儿。

　　f. 参观也可以，有人带着也可以进去。

　　g. 可以你写一封信，我请领事馆代送。

　　h. 可以你写了他也写我也写。

7.2　"必须"的语义特征及其主观化

认知学派（Talmy 1988，Sweetser 1990，Traugott 2006）基于人

类的认知经验，在对英语情态词的研究中指出：情态词的演变经历了一个从道义情态（deontic）到认知情态（epistemic）的演变过程，而根据语境的语用推理机制，英语的情态词"must"也经历了从道义情态义到认知情态义的语义演变过程。那么，这种推断是否具有语言类型学的普遍性呢？

Halliday（1985，1994）的系统功能语言学是以意义为中心，植根于自然话语，具有基于类型学描述的普遍性（Cafferel，Martin & Matthiessen 2004，黄国文 2007），因而适用于对个体语言进行描述。鉴于此，本文将基于 Halliday（1985，1994）所建立的情态系统讨论汉语情态词"必须"的语义特征及其演变机制。

首先，我们基于情态所传递的说话者态度，分别从类型（type）、量值（value）和取向（orientation）三个维度来审视情态系统。情态类型包括对命题事件可能性估量的模态（即 Palmer 所说的知识性情态），以及对行为允准或禁止要求的意态（即 Palmer 所说的义务性情态）。模态分可能性和通常性两类，而意态分为义务性和意愿性两类。量值是指情态态度级别的高中低三级值。取向则是指说话者态度表达的主观或客观倾向性，这种客观性和主观性均可以通过显性或隐性的形式来表达。

需要说明的是，本文对"必须"的考察主要基于北京大学中国语言学研究中心 CCL 语料库中所搜索的 83,068 条现代汉语词条以及 3290 条古代汉语词条，英语语料则以英国国家语料库 BNC（British National Corpus）为基础，部分汉语语料取自《我的青春谁做主》（下文简称《做主》），少量内省语料均得到了十人以上汉语母语者的验证。

7.2.1　语义特征和句法限制

吕叔湘（1982：246，252））在《中国文法要略》中指出，表客观必要的"必须"由限制词"必"和动词"须"组成，将其归为情态动词类。而在《现代汉语八百词》（吕叔湘 1999：78）中，"必须"被认定是副词，解释为"一定要；表示事实上、情理上必要"，修饰动词、形容词，或用于主语前，表示否定用"不必"或"无须"。朱德熙（1998）在对助动词的界定时把"必须"排除在外。由此，"必须"的语法地位仍有待商榷，但其表达的情态意义则是勿容置疑的，这里我们权且称其为情态词。下面我们将从类型、量值、取向、辖域范围和情态词连用等方面来讨论汉语情态词"必须"的语义特征和句法限制。

从情态类型来看，英语的"must"兼具模态和意态功能，如"It must be true."是说话者对"It is true."这一命题的可能性推测，而"We must go now."则是说话者对"we go now."这一行为的义务要求，无论是源于客观情势所迫还是说话者主观意志所求。而从英汉对译来看，英语"must"的模态揣测义在汉语中通常用"肯定、一定"这种高值情态副词来表达，即"It must be true."应翻译成"这肯定（一定）是真的。"而英语"must"的意态要求义基本对应于汉语情态词"必须"，即"We must go now."可译为"我们现在必须走了。"其对译关系如图 7-3 所示：

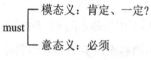

图 7-3　must 的汉译

可以说，汉语的情态词"必须"在情态类型上不表达推测的模态义，而表达要求的意态义，无论这一意态义出于客观情势所趋的必然性，或社会规约所迫的义务性，还是主观意志所求的强制性。我们看下面一组例子：

(11)a. 飞机的机身必须承受住空气的压力。

　　b. 法律明文规定，公民必须履行赡养父母、抚养子女的义务。

　　c. 你必须在 5 天之内给我做出一份电视广告来！

　　例(11)a 是一个典型的命题句，这里的"必须"表示的是基于物理世界自然规律，而对"飞机机身承受空气压力"这一命题必然性的客观要求，例(11)b 的"必须"则表明，基于社会规约对"赡养父母、抚养子女"这一行为的人为性约束的必要性，意义上更趋同于英语的"it is required that …"。例(11)c 的"必须"表现的是对"在 5 天之内做出一份电视广告来"这一行为的个人意志要求。

　　由此，"必须"在命题句中表达一种客观规律的必然性；在行为句中，则表达一种强制性的规定或允准。无论是命题句中客观情势的必要性，还是行为句中或集体（大则整个社会，小则几人团体）或个人的规约性和强制性，"必须"传递的都是一种客观或主观要求的意态范畴。

　　Halliday（1985，1994，2004）把情态界定为介于"是（yes）"和"否（no）"之间的态度。在模态义中，情态词的态度量值表现为对命题真值实现的可能性；在意态义中，情态词的态度量值表现为说话者赋予听话者的强制性，这种强制性与交际双方的商讨性成反比。量值越高，强制性越强，商讨性则越少；反之，量值越低，强制性越弱，商讨性则越强。如果中值情态值为 1/2，那么高值情态值可描写为 3/4，低值情态值为 1/4。

　　勿容置疑，汉语情态词"必须"是一个高信值情态词。下面我们分别以中值情态词"应该"和低值情态词"可以"来替换之，以此来比较三者所表现的强制性和商讨性。

　　(12)a. 从科学上来讲，火山必须有岩浆。（CCL）

    b. 从科学上来讲，火山应该有岩浆。

    c. 从科学上来讲，火山可以有岩浆。

（13）a. 学校规定，学生在学校必须穿着校服。（CCL）

    b. 学校规定，学生在学校应该穿着校服。

    c. 学校规定，学生在学校可以穿着校服。

（14）a. 小样，你必须回家来住。（《做主》）

    b. 小样，你应该回家来住。

    c. 小样，你可以回家来住。

以上 a、b、c 的排序依次按照情态量值的高、中、低顺序，"必须"为高，"应该"为中，"可以"为低，其情态量值如图 7－4 所示：

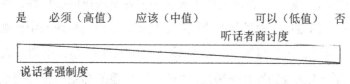

图 7－4　"必须、应该、可以"的情态量值

这里我们所说的情态量值是从说话者角度而言，说话者所表现的强制性越高，听话者的选择余地或商量余地就较少，那么其商讨空间就越少；反之，说话者的强制性越低，就为听话者提供了较大的选择余地和商量空间，其商讨空间就越大。

（12）a 中的"必须"昭显的是"有岩浆"的必需性，"有岩浆"这一条件是构成"火山"的必要条件，假若没有这个条件，则不能称其为"火山"。如果如（12）b 把"必须"替换为情态量值较低的"应该"，（12）b 口气上所表现出来的那种"不可违背"性则要削弱很多，至于（12）c 中"可以"则体现的是"有岩浆"这一条件可有可无了。

（13）a 中的"必须"透露出这种规定的"不可违反"性，蕴含着一旦违反规定，则要付出"违规"的代价。比较(13)b 中的中值情态"应该"，(13)b 似乎更多地表露一种商量口吻，与"规定"已不太和谐，而(13)c 的"可以"则预示"穿着校服"只是一个备选条件而已，听话者有着更大的选择空间。

(14)a 中的"必须"表现了说话者"姥姥"对"小样"的一种居高临下命令的"不可违抗"性，听话者几乎没有商量余地。而(14)b 的"应该"是一种劝说口吻，为听话者提供了一半的理论余地。(14)c 的"可以"则可以视为"央求"了，给了听话者较大的辩解空间。

可以说，"必须"表达一种强制规定性的高值情态，这种高量值在命题句中主要表现为客观规律要求使然的不可违背性，在规定性建议句中表现为一种社会规约的不可违反性，在行为祈使句中则表现为一种个人意志的不可违抗。从说话者角度看，"必须"表现的是在自然规律与条件之间、在社会规范与行为之间、在个人意志与行为之间几乎没有可回旋的余地。

情态取向是指说话者对于情态选择的主观表达或客观表达。情态用以反映说话者的主观态度（Lyons 1977），但在表达形式上，我们既可以采取突出个人倾向性的表述方式，如英语中的"I think, I believe, I'm sure"① 等显性的主观情态；也可以在语言形式上特意去掩盖这种态度的个人性，如英语中的"It is likely, it is possible"等显性客观情态。不同的语法形式承载着不同的语法意义，我们所讨论的情态取向为说话者所选择的主观形式还是客观形式，而非态度的主观性或客观性，因为所有态度均为主观态度，不

---

① Halliday 认为"I think, I believe, I'm sure"以及"It is likely, it is possible"意义上同为情态表达，两者均以语法隐喻的方式或主观或客观地表达其情态义。

可能有客观态度。只不过，我们可以选择以一种或主观或客观的形式来表述这种完全主观的态度。

以上所提到的显性主观表达或客观表达在语法形式上有着明显的辨识标记，而隐性的主客观取向则需要借助一定的语境来识别。多数英语情态助动词兼具隐性主客观的情态取向，英语情态助动词"must"亦然。以"We must go now."为例，当其发生的话语语境为时间紧迫等客观情势使然，"不得不走"时，"must"表现为隐性客观，相当于英语中的"have to"；若出于个人意志出发，对听话者进行催促、要求、甚至命令时，"must"则表现为隐性主观取向。

看下面一组汉语例句：

(15) a. 从科学上来讲，火山必须有岩浆。

　　 b. 构成受贿罪，必须具备以下两个主要特征。

　　 c. 在旗的规矩多，就是习气大，早上必须喝点儿茶。

　　 d. 我知道我必须赶快去挣点钱了，否则就得饿肚子。

　　 e.（校医对学生）：少废话，必须量体温，到38度就开假条。（《做主》）

例(15)a中的"必须"是陈述"有岩浆"这一命题基于客观规律的必然性，表现的是物理世界客观规律不可违背的客观性，为客观自然取向；例(15)b、(15)c中的"必须"则强调人定法则、规则、规矩的强制要求性，这种规约性具有集体的约束性，上至整个社会，下至某类群体，但仍是客观取向，为客观社会取向；例(15)d中的"必须"一半是客观条件"不挣钱就得饿肚子"，一半是说话者的主观意志"去挣钱"，这里的"必须"兼具主观意志取向和客观条件取向。例(15)e中的"必须"，则是校医凭借自己职业的权威性，对学生发出的强制性指令，个人倾向性较强，完全为主观个人意志取向。由于以上主客观取向没有明显的形式标记，需要借助语境来分辨，因而是隐性表达。

当然，对"必须"的这种主客观取向的划分并不是完全绝对的，主观表达和客观表达，特别是这种没有形式标记的隐性表达是一个相对渐变的区分，甚至有时"必须"兼具主观去想和客观取向。从 CCL 语料库的出现频率来看，"必须"较多地用于表示社会规约或部门规定的强制要求。

由此，现代汉语情态词"必须"同样兼具主观取向和客观取向，而且也是隐性表达，我们可以依据语境中的主观条件或客观条件来判断。如果是客观自然规律或客观社会规约使然，则为隐性客观，如果为主观个人意志使然，则为隐性主观，当然也存在二者兼具的客观＋主观。

实际上，从历时演变来看，"必须"经历了从客观到主观的主观化发展轨迹，我们将在下文给出详尽论述。

先看一组例句：

(16) a. 必须我（亲自）尽快在星期四赶到北京。

b. 我必须尽快在星期四赶到北京。

c. 我在星期四必须尽快赶到北京。

d. ＊我尽快必须在星期四赶到北京。

e. ＊我在星期四尽快赶到必须北京。

可以看出，"必须"可以置于主语前（如(16)a），紧跟主语后（如(16)b），主语和时间状语后（如(16)c），不能置于方式状语后（如(16)d）以及谓语动词后（如(16)e）。主语前"必须"是对动作主体（通常为人）的限制和强调，与其后的谓语无关，我们称之为主体辖域。主语后的"必须"是对其后的谓语过程的限制，称之为过程[①]辖域。方式状语是对谓语动词的限制，两者之间关系紧密，不能植入"必须"，而时间状语是对整句命题的说明，位置相对灵活，与谓语动词之间关系也较为松散，可植入"必须"。

辖域仅为动作主体的"必须"置于主语前，多用于两种语境下：其一，"必须"＋主语（人）＋"亲自"＋谓语；其二，主语1＋动词1，"必须"＋主语2＋动词1。前者通常添加"亲自"来强调是"我"，而非别人去做（如(17)a），后者则借助前后两个小句的对比来达到强调"主语1"的效果（如(17)b）。二者中的"必须"均对主语有对比上的强调作用。如：

(17)a. 我的徒弟有多大本领我清楚，有些重伤必须我亲自去治。

b. 这意思是似乎是说：以后她不预先买，必须我们买的了。

而且，"必须"后的主语是指动作或行为的执行者，不包括宾语提前的主题。如(17)a中的主语是"我"，而不是"有些重伤"。也就是说，"必须"只能置于"我"之前，不能用于"有些重伤"之前。不能说："＊我的徒弟有多大本领我清楚，必须有些重伤我亲自去治"。

当"必须"辖域为谓语过程时，"必须"须置于主语后，谓语动词前。"必须"的辖域范围即是其后的谓语过程及相关成分，如在例(16)b中，"必须"的辖域范围为"尽快在星期四赶到北京"；在例(16)c中，"必须"的辖域范围则是其后的"尽快赶到北京"，不包括其前的"在星期四"。"必须"的辖域范围也可以通过语调来实现，如：

(16)b-a. 我必须【尽快在星期四赶到北京】。

---

① Halliday（1985，1994）用过程（Process）来指代及物系统中动词所实现的语义范畴，及物系统由六种过程组成。

　　b－b. 我必须尽快在星期四【赶到北京】。

　　如果没有特别强调，"必须"的辖域范围是其后的整个命题"尽快在星期四赶到北京"，如果动词谓语"赶到"被重读，则意味着"必须"的辖域范围是谓语动词所表达的过程及过程范围"赶到北京"。

　　在把字句中，"必须"既可以居于"把"字结构之前，也可以居于"把"字结构之后。但两者所承载的态度意义却大为不同。试比较：

　　(18)a. 为了生存，乐队必须把小五这个主唱给换下来。

　　　　b. 把小五这个主唱必须给换下来。

　　(18)a 中的"必须"是一种基于客观条件的无奈选择，而(18)b 的"必须"则是说话者的主观意志和要求了。

　　被字句中，"必须"居于"被"之前，如：

　　(19) 中俄青年传统友谊必须被赋予新的时代内容。

　　可见，"被"与其后的谓语动词共同构成谓语成分。

　　以上我们所举例子均为动词谓语，"必须"同样可以对存现谓语、主谓谓语、以及形容词谓语进行限制和强调，如：

　　(20)a. 如在平地种植，地下水位必须在一米以下。

　　　　b. 一个好的群众演员必须脑子转得快。

　　　　c. 要想孩子健康成长，必须天天开心。

　　例(20)a、(20)b、(20)c 依次为存现句、主谓句和形容词谓语句，在这三种句式中，"必须"的辖域为其后的谓语部分，这些谓语论元成为前一命题实现的必要条件。

　　至此，我们讨论了居于主语前的"必须"仅是对动作主体进行强调的主体辖域，而主语后的"必须"是对其谓语论元的过程辖域，并论述了"必须"在不同谓语类型中的句法位置，包括把字句、被字句、存现句、主谓句和形容词谓语句，发现，在命题句中，"必须"后的谓语论元通常为前一命题的实现条件。

汉语情态词包括情态动词和情态副词[①]，前者如"能、会、要"，后者如"可能、大概、一定"。这里将考察"必须"与现代汉语中其他情态词（动词和副词）的毗邻同现情况，同时对"必须"的词性予以考量。

现代汉语中的情态动词根据其语法功能称为助动词，依据其所表达的意义称为能愿动词。这些动词不能单独做谓语，与其他实义动词共同行使谓语功能，根据赵元任（1968，1979），典型的情态助动词有"得、要、会、能、可以、应（该）、愿（意）、肯、敢"，它们既用以表达义务要求的意态，也用以表达知识揣测的模态，而以前者居多。情态副词表达说话者对句子命题必然性或或然性的估量和判断，基本属于知识模态范畴，如：大概、可能、或许、必定、一定、肯定。

与情态动词连用时，"必须"居于情态动词之前，我们通过CCL搜索的结果表明，"必须"可以后接义务情态动词"得（212[②]）、要（2494）"，表能力或可能的情态动词"会（37）、能（268）"，意愿情态动词"愿意（3）、敢（24）、肯（1）"。如：

(21) a. 到逢年过节，他必须得忙。

　　b. 结婚头三年小夫妻必须要在婆婆家过春节。

　　c. 既然是一项改革，就必须会涉及到有些部门的具体问题。

---

① 汉语中的情态副词和情态形容词同形，我们只讨论对句子命题评价的情态副词。
② 此数字表示为在CCL语料库中"必须"与此情态词的共现频次，下同。

  d. 领导干部必须能识别人才、选拔人才。

  e. 第二，你必须愿意努力工作。

  f. 他要在这方面获得成就，必须肯于承认大量变异。

  g. 开拓型人才必须敢于创新。

  情态词后面的数字表明 CCL 中"必须"与这些情态词的共现频次，可以看出，"必须"与义务类情态词"要、得"的共现频次最高，而它们共同的语义特征为意态中的义务要求。

  "必须"与"应该"通常不在一起使用，因为"必须"强调的是主观要求，而"应该"则强调客观因素。同现时偶见于网络标题，强调主客观共同使然的要求。而且，"必须"不能与表示低值允准的"可以"连用，不可以说"*你必须可以离开"，这是因为共表允准的高低量值语义之间的相互冲突，分别居于义务意态的高低两极，一个强调不可回旋的必要性，另一个则侧重交际双方的商讨性，是很难产生交集的。

  情态副词用以表达知识模态的揣测和估量，根据徐晶凝（2008），情态词连用时，知识模态居于义务意态之前，因而，表意态的"必须"总是居于表模态的情态副词之后。这里，我们把情态副词以其量值分为三类：高值模态"当然（71）、一定（3）、肯定（1）、必然（1）、必定（0）"，中值模态"可能①（26）"，低值模态"也许（6）、大概（3）、不一定（2）、或许（2）"。括号中的数字是通过 CCL 搜索获得的"必须"与以上情态副词的共现频次。部分例句如下：

  （22）a. 提高我国的科学技术水平，当然必须依靠我们自己努力。

    b. 文学作品涉及史实的地方，是否一定必须修改？

---

① 我们依据《现代汉语八百词》，把"可能"归为情态副词。

    c. 不久之后，我们可能必须在寸草不生的硬地上追踪他们的足迹。

    d. 对于西方资产阶级意义上的科学，理性不一定必须顶礼膜拜。

    e. 淘汰下来的车子大概必须经过修理后进入次级市场。

    f. 在短时间内，我们或许必须二者择其一。

    据此，高值模态副词用以强化"必须"的高值必然性，而中低值模态副词则会弱化"必须"的高值强度。在命题句中，"当然"的客观取向与"必须"的客观必然义相匹配，共现也就较多，而与主观情态副词"肯定、一定"的共现则较少。中值模态副词"可能"与情态词的搭配性最强，与"必须"也不例外。而"必须"与"或许、大概、也许"等低值模态词由于量值上的差异，共现则较少。"必定、必然"则由于与"必须"在汉字"必"上的重复，较少同现。

7.2.2 "必须"的话语功能

    由于"必须"的情境义较强，有必要讨论"必须"的话语功能。

    在讨论"必须"的语义特征时，可以看到：当"必须"运用于命题句时，表达一种客观因素使然的必然意态义，进而从最客观的自然规律公理到律法、规约的社会规定和规则的必要意态义，再到经验性的常识认可的常理性（必行意态义——本能化、无意识）。如：

  (23) a. 由于 M 不可能无穷大，$1 - V2/K$ 必须大于 0。

    b. 学校规定，学生在学校必须穿着校服。

    c. 凡是款项涉及中等数额的合同，必须有我的签字才能有效。

    d. 生命里也总有一些时刻，肝肠寸断，可你必须挨过。（做主）

    e. 我找过十来个律师，他们都说这不是一般人能招呼的，必须请大

牌，否则连申诉立案都不可能。（《做主》）

从"必须"的语义区分来看，其语义表达的客观性或主观性要比意态和模态的区分更为重要。不能用"必须"进行估测，不能说，"＊明天必须下雨"。如果要对"明天下雨"这个命题进行高值推测，则应该是"明天肯定下雨"。但是，可以用"必须"来引入一种条件的必要性。如：想去郊游，明天必须晴天才行。所以说，"必须"强调的是条件的必然性或必要性，特别是集体性的法规或规则的强制要求性

建议句中的"必须"传递一种主观意态义。在一定语境下可以体现说话者与服从者之间的权位关系。通常，居于高位的说话者使用"必须"来对低位者进行命令性的强制要求，如：

(24) a. 楼盘资料赶紧熟悉，楼书、户型图要印在脑子里，对楼盘周边商业设施、交通情况要有详尽了解，客户问起必须立刻回答出来。（《做主》）

b. 少废话，必须量体温，到38度就开假条。（《做主》）

c. 杨尔先揭竿而起，镇压霹雳："没你什么事儿！你的任务就是考剑桥，必须给我考上，没有万一！"（《做主》）

从以上例句中，我们可以明显感觉到说话者那种居高临下的命令口吻。这种高权位可以是职位的（如(24)a）、职业的（如(24)b）、辈分的（如(24)c）等等。说话者以一种高态势的语气命令听话者服从某项指令。而动作的执行者和负责者为人，且多为听话者"你"。

《乡村爱情故事》中刘能的口头禅"必须的"，则为低位者所用，表达说话者的一种绝对服从。一方面仅用于口语，且作为固定表达单独使用。（针对自己，自语性）

在另外一种语境下，"必须"还可以传递出说话者与服从者之间距离上的亲近性。说话者使用这种高值情态"命令"听话者服从有益于听话者的指令，以此来传递一种亲近的距离关系，从而表现出一种对听话者的关心和体贴，如：

(25) a. 小样对高齐：高齐，你必须让我们为你做一件事。（《做主》）

b. 青楚对周晋：在告诉我那些之前，你必须先跟我走，无条件服从安排。（《做主》）

同为高值情态，此种语境下的说话者则表现出撒娇的口气和对听话者的爱怜之情，因而此类用法多发生于恋人之间，以示两者关系的亲近感。执行这种善意命令的为听话者"你"，听话者不但感受不到"必须"所惯有的骄横，反而体验到说话者的关爱和痛惜之情。

此外，当主语为"我"时，"必须"表达一种自我约束的强制性。如，"这样的生活我一分钟也不想再过下去了，我必须买房结婚，必须成功，必须高兴"（CCL）。这种自我约束表现为一种自我期待，是对自己的个人强制要求，同时也反映了说话者的一种自我激励。

7.2.3 "必须"的主观化发展轨迹

朱冠明（2005）基于 CCL 古代汉语语料库曾描述了情态动词"必须"由"必"＋"须"的形成及其发展历程，指出：东汉之前的"必须"连用较罕见，至东汉，"必须"连用增加，唐代早期即凝固成词，南宋初期增加知识模态义，而这一语义至清代则消失。

朱冠明（2005）只讨论了"必须"成词（唐至清）后在古代汉语中的语义类型，没有对"必须"的语义特征给出解释。实际上，纵观"必须"的演化历程，其过程是基本遵循客观—主观的主观化演化轨迹的。其演化轨迹可以分成三个阶段：唐代之前的完全客观阶段、宋至清时期的主观萌芽阶段、近代和现代汉语的主观发展阶段。

唐代之前的"必须"或表达一种基于礼法规则的客观规定性（如(26)a），或表达基于客观自然规律的不可违背性（如(26)b）。

(26) a. 为人下者常司上之，随而行，松上不随下。必须口口随。（春秋《墨子》）

b. 乾则得；从容者，经二十日许受霜露，弥令酒香。必须乾，润湿则酒恶。（六朝贾思勰《齐民要术》）

例(26)a的"必须"用以强调"下级"对"上级"的绝对服从，而此为"安国之道"的号令要求所为，所以是社会规约的客观性。例(26)b的"必须乾"，则是基于自然界客观规律的"乾则得"，否则"润湿则酒恶"。无论是基于礼法的客观规约，还是自然规律的客观必要，两者均表达一种客观的不可违反性，不含有任何个人意志。

到了北宋至清，表意态的"必须"则开始带有个人意志，虽然仍然强调基于一定条件使然的必要性。

(27) a. 坚怒曰：必须杀此老氏，然後百僚可整。（北宋《史书：册府元龟》）

b. 吴用道："着人去请，他们如何肯来？小生必须自去那里，凭三寸不烂之舌，说他们入伙"。（明《水浒全传》）

c. 你们爷俩说的怎么两样呢？你必须对为娘说了实话，你若不说实话，活活气死为娘了。（清《三侠剑》）

此种语境下的"必须"通常会提供所依据的客观条件，如例

(27)a 中的"然后百僚可整。"例(27)b 中的"他们如何肯来?"以及例(27)c 中的"你若不说实话,活活气死为娘了"。在这种条件的要求下,说话者来表达一种似乎是必然性的主观意志性。

同时,根据朱冠明(2005),"必须"在晚唐后期至清代曾发展为表推测的知识模态义,如:

(28)a. 其,犹将也。言虽未卜,而吾志已是先定,询谋已是金同,鬼神亦必将依之,龟筮亦必须协从之。(宋《朱子语类》)

b. 介溪公最听他的说话,凡疑难大事,必须与他商量,朝中有"大丞相"、"小丞相"之称。(明《喻世明言》)

"必须"的这种知识模态义是基于主观的推测,意为现代汉语的"一定会",体现了其主观化发展的一个趋向。这种主观性的推测模态义在清代以后消失,转而发展出一种沿意态路径的主观化历程。

到了现代汉语,"必须"又增加了一种基于权位关系的,要求听话者无条件服从的表示命令的"必须",并由此衍生的亲密关系和自我激励、自我约束功能,依次如:

(29)a. 家长对孩子:今天必须九点睡觉!

b. 小样对高齐:高齐,你必须让我们为你做一件事。(《做主》)

c. "我能做她的父亲,但这没关系。"他鼓励自己道,"我必须娶她做妻子。"

"必须"的演化轨迹可以描述为,唐代之前的客观必要意态义;宋至清时期除了客观必要意态义,增加了基于客观的主观意志意态义和主观知识模态义;现代汉语中"必须"的知识模态义消失,除客观必要意态义、客观+主观意态义外,增加完全个人意志的意态命令义以及自我约束义。如表7-3所示。

表7-3　"必须"的演化轨迹

	唐代之前古汉语	宋至清古汉语	近代和现代汉语
客观必然	√	√	√
客观必然 + 主观意志		√	√
主观模态		√	
主观意态			√

　　"必须"由客观自然必然经客观社会必要到主观个人意志的发展印迹表明，不同于英语"must"由义务情态——认知情态的发展历程，"必须"经历了一个从客观自然必然、客观社会必要到主观个人意志的主观化过程。但是，"必须"在其意义发展过程中，每一种新意义的出现并不意味着对以往意义的代替，而是意义的叠加，（涵盖式发展）也就是说，"必须"的发展轨迹清晰的保留在了共时的现代汉语中。

　　从"必须"的语义特征以及所实现的话语功能来看，同英语的"must"一样，现代汉语的"必须"也是一个高值情态词。而同"must"的模态估测义不同，"必须"在命题句中表达一种客观规律使然的必然要求，隶属意态范畴。而且，"必须"常被用于表现社会规约或法律规定的必要意态，并传递一种居高临下的个人意志，以及由此衍生的亲密关系和自我约束。从使用频率来看，汉语情态词"必须"较多地用于基于社会规约的规定和要求。从"必须"的发展轨迹来看，不同于"must"的义务情态（意态）——认知情态（模态）的语用推理发展过程，"必须"的发展轨迹基本遵循了从自然规律或社会规约的必然和必要的客观性到个人意志的主观化过程。

7.3　情态与人物性格塑造

7.3.1　概述

功能语言学家（Lyons 1977；Palmer 1979，1986，1990，2001/ 2007；Halliday 1985，1994/2000）认为，情态反映说话者的态度。而以往的研究关注点多集中在这种态度所体现的说话者与听话者之间的亲疏关系和权位关系。我们认为，情态所表达的态度同时与说话者的价值观息息相关，而一个人价值观的形成与他（她）的知识背景、受教育程度、意识形态环境等密不可分。由此，可以说，作家可以借助情态来完成人物的性格塑造；同样，读者可以依循人物话语中的情态来解读其性格特点。

Halliday（1985，1994/2000）的功能语法从情态类型、取向和量值三个纬度描述了英语情态系统。就像 Halliday（同上）所表明的那样，其功能语法是基于语义的。那么，其所建立的情态系统实际上是关于情态系统的意义描述。而这种相对宏观的意义描述具有类型学的普遍性，因而可以适用于汉语研究。此外，如 Halliday（同上）所言，语篇分析必须以语法为基础，而功能语法为语篇分析而设计，是进行语篇分析理想的理论依据。

本研究以 Halliday 所建立的三维度情态系统为理论依据，首先大致勾勒了汉语情态系统的实现形式。在此框架下，以"我觉得、肯定、应该、必须"几个典型情态词入手，定性分析了《我的青春谁做主》中小样、青楚和霹雳三姐妹的情态使用情况，重点剖析了三姐妹迥然各异的性格特点。

从情态分布与人际意义的相关性来看，取向和量值与人物身份界定的相关性更大，因为主客观的情态取向往往反映说话者态度的感性或理性。勿容置疑，感性判断时易选择主观情态，而理性判断则选择客观情态。而情态量值则通常反映出说话者与听话者之间的权位关系或关系亲疏。

基于以上假设，本部分一方面对人物话语进行情态方面的定性分析，另一方面对几个典型情态词进行量化考察，以期来揭示情态与人物性格之间的关联性。

7.3.2　从情态看人物性格

小样多用"大概、估计"，特别是"肯定"等情态副词来传递自己的观点。如：

（30）钱小样：我这人有个特点，说别人时一套一套特明白，一到自己身上就犯糊涂，这大概就是传说中的"理论脱离实际"吧？我八成个直觉主义者，甭管仰视、俯视，估计到时候逮谁算谁！

如前所述，情态副词传达的是一种主观性高度发展的对命题事件的估计，无论是客观性情态副词还是主观性情态副词，其主观推测性是非常突出的。恰如小样所言，她是一个"直觉主义者"，情态副词的推测仅仅是直觉的判断，缺乏相关的证据，同时，这种推测又是隐性的，即说话者不会明显现身于语句中。此类情态词，一方面体现了说话者的一种诚实和坦率，因为说话者通过这样情态词已经明确告诉听话者，这些论断只是"我"的推测。同时，这些低值情态副词表现了说话者对自信力的欠缺。率真的小样带着满腔热情来到北京，但囿于自身学历和学识的不足，其实对于自己在北京的前途还是缺乏足够的自信。

如果说小样的低值情态词反映了其不够自信的一面。更有趣的是，小样常常使用高值主观情态词"肯定"，即以自己的直觉视角去估量他人的行为或思想，如：

(31) a. 小样：搭你车（我）要花钱吗？

方宇：照说不该让你白搭。

小样：你肯定不缺钱，我又没什么钱。而且你一人开车也闷得慌，我陪你说说话，总比听收音机强吧，再说你感冒还没好，我可以随时照顾病情，怎么都是你划算，你肯定就是这么想的，才建议我搭你车，对吧？

b. 小样："你越假装没事，我心里越不落忍，我觉得像你这么好的人，将来一定会有个特好的女孩爱上你，你俩肯定能过得特别幸福。"

c. 小样："我觉得肯定有更复杂、更神秘的原因，首先他什么时候进办公室的？肯定在我们到昭华以前，甚至更早，反正不像他自己说的那样：压根没进过办公室。"

首先，我们发现，当小样说到自己时，习惯用低值情态，如上例的"要、可以"，对他人或事件进行推测判断时，则习惯用显性主观情态"我觉得"和高值情态"肯定"。全文小样共用"我觉得"26 例，"肯定"29 例，其表达的主观性彰然若显。从话语效果来看，主观情态因为凸显了交际者而增强了交际双方的互动性，易于拉近交际双方的心理距离，较常见于日常会话。同为主观表达，显性主观情态"我觉得"重在突出说话者态度的个人倾向性；主语并非说话者的"肯定"，则是说话者利用对听话者心理的揣度这一策略，最终达到表达自己态度这一目的。特别是后者，说话者似乎已经走进了对方的心里，心灵的沟通更易于得到对方的信任。

我们对全文的搜索结果显示，对于"肯定"一词，小样29 例，青楚3 例，霹雳4 例。其中，小样所用"肯定"，主语为第一人称共7 例，第三人称7 例，第二人称10 例，非人主语5 例。也就是说，小样的"肯定"多为表达对他人或事件的主观推测，而这恰恰是可爱小样的交际之道，并不那么自信的小样怀揣梦想来到北京城，以自己的坦率和热情之心与周围的人做着"心灵的沟通"，获得了众人的喜爱。

"青楚"与"清楚"同音，寓意思维和表达的不含糊，律师的身份更要求她的严谨，一个人的职业修养必然会影响到他的日常话语。青楚所使用的典型情态词为"应该"。如：

(32) a. 小样："周晋肯定还什么都不知道呢。"

青楚："应该是，否则他会告诉我。"

b. 小样："那姥爷要是死了，有咱们责任吗？"

青楚："应该有，姥爷是因为着急犯的病，咱们是间接犯罪。"

小样："我觉得咱俩最多算从犯，咱俩妈才是主犯，姥爷主要是被她俩气的。"

c. 小样问："盒上的蓝宝石是真的吗？"

青楚答："这么贵，应该是。"

d. 青楚："我想得再好都没用，关键还在周总怎么选择，不过我相信自己的判断力，应该不会看错人。"

客观隐性情态"应该"是依据客观情势给出的主观判断，侧重说话者判断的客观理据性和合理性。从全文统计来看，青楚、小样、霹雳的"应该"使用比例为23∶7∶3。从使用语境来看，青楚所作的推断大多基于一定的因果推理，例(32)a"因为周晋没有告诉我"，因而"他应该什么都不知道"；例(32)b"姥爷是因为着急犯的病"，因而"我们应该有责任"；例(32)c"因为价格很贵"，因而"蓝宝石应该是真的"。由此，同样是态度表达，相对于小样的主观臆断，青楚的判断总是有理有据，不由得令人信服。如果我们把以上例(32)d中的应该换为"肯定"，缺少了客观性而陡增了主观性，则是另一番效果了。

每个人都会有直觉的表达，青楚也不例外。但是青楚多用显性主观情态"我觉得"来凸显观点的自我性，仅用情态副词"肯定"三例。全文统计表明，小样与青楚的"我觉得"比例为 26∶12，远远高于"肯定"的 29∶3。我们来看小样与青楚在表达同一观点时的不同视角。

（33）青楚：今天姥姥决定给姥爷停针的时候，我觉得她特别酷。

小样：我也这么觉得，姥姥肯定相信姥爷穿过那扇门，去那屋了。

显性主观情态"我觉得"表现了说话者的一种严谨和知性，与青楚的律师身份正相吻合。此外，通过日常观察，我们发现，情态的使用也与受教育程度相关，受教育程度愈低，日常对话中愈多使用如"肯定、绝对"等高值隐性主观情态，以此掩盖态度的主观性，反之，受教于程度较高的人在表述个人看法时，则多用"我觉得"等显性主观情态，以此突出观点的主观个人性。

此外，即使是同样的直觉表达，青楚选择了一种客观表达的句式来传递，如：

（34）青楚："我的直觉告诉我，不该接受。

刑律师："咦？你们这些大学生，怎么都这么拽呀？"

青楚："我觉得偶尔拽点儿也没什么不好。"

这里，青楚不用"我觉得"，而是"我的直觉告诉我"。无疑，"我觉得"表现的是显性的主观判断，而"我的直觉告诉我"把一种主观的判断包裹在客观表达之中。也就是说，即使是直觉，在青楚那里，也是"理性的直觉"。这种理性直觉与之后的"不该"这一客观情态恰成应合之势。

由此，人如其名，清楚的"青楚"向读者展现了自己缜密的思维和严谨的表述。首先，相对于小样，青楚的话语中较少使用情态词，如果使用，则多选择"应该"类客观隐性情态，而在表达主管推测时，则多使用"我觉得"等显性主观情态以凸显观点的个人主观性，很少使用"肯定"类隐性主观情态。

现代汉语中的"必须"表现为公理法则(35)a、人定规则(35)b、自我约束(35)c 和命令(35)d 四类。

(35)a. 由于 M 不可能无穷大，1 – V2K 必须大于 0。

b. 规定五品以上官员必须随身佩带。

c. 我要解决生活里出现的一切问题，必须忘了自己才 16 岁。

d. 你的任务就是考剑桥，必须给我考上。

"必须"表达的是一种高值情态，从历史演化过程来看，"必须"经历了从客观命题到主观意志的主观化进程。最初，古汉语的"必须"意味着由于客观因素的必需性，如(36)a，近代汉语的"必须"则逐渐添加说话者的主观意志，如(36)b：

(36)a. 乾则得；从容者，经二十日许受霜露，弥令酒香。必须乾，润湿则酒恶。(六朝贾思勰《齐民要术》)。

b. 贫道尚有嘱咐，汝必须牢牢切记，如犯戒时，贫道必取汝首级。"(清《三侠剑》)。

即使是表达说话者的主观意志，"必须"的这种迫于形势的客观性为之赋予了一种不容更改的意味，这也是为什么"必须"被选择来表达高位对低位的命令。

这里我们主要讨论与霹雳话语情态相关的自我约束"必须"。自我约束的"必须"主语通常是说话者"我"，"我必须"展现了说话者强烈的自我约束感。以下是霹雳的 4 例自我约束"必须"。

(37)a. 但霹雳打定主意，回英国前必须跟父亲谈一次。

b. 我要解决生活里出现的一切问题，必须忘了自己才 16 岁。

c. 所以我必须实施第二步计划，拉个股东。

d. 还有一个不情之请，你们必须成为我同伙，帮我一起瞒我妈。

"一定要"通常也用以表达一种决心，但与"必须"相比，则缺少了一种不容置疑的命令口吻，而这种命令是自我命令，自我激励。正是在这种自我激励下，成就了霹雳的坚强和困难面前的不屈服。

以上，我们讨论了 Halliday 的情态系统，从类型、取向和量值三个维度描述了情态所承载的人际意义，为虚拟的和现实的人物性格分析提供了一个可操作的理论框架。以此为理论支撑，结合汉语本身的特点，我们首先勾勒了一个包括典型情态词体现的汉语情态系统。以定性和定量相结合的方法，以"肯定、我觉得、应该和必须"几个典型情态词为例，探讨了情态与人物性格塑造之间的关联关系。

综合以上讨论，我们发现，小样多使用主观情态表达，特别是"我觉得"和"肯定"。"肯定"作为一种隐性主观情态，在表达主观态度的同时，又隐蔽了说话者，一方面表现的是一种可爱而率真的猜测，另一方面也透露出说话者的犹疑和一厢情愿。青楚的话语总是透着一种理性的严谨，多用"应该"，基于一种理据性做出一种客观判断；即使需要表达自我揣度时，也多用显性的主观"我觉得"而非"肯定"来突出观点的自我性。霹雳的坚韧和和执着的坚定体现在对自我约束的"必须"的运用，这种自我约束性产生于一种看似不可更改的客观性。说话者以一种"规则"来对自己的行为自我限制，强迫自己去适应本不太乐意的环境，以此来完成自己的使命。借用青楚的话"青春应该自己作主"，在小样看来，则是"肯定青春自己作主"，而霹雳则会说："青春必须自己作主"。

最后，从应用价值来看，语言是构成语篇的基础，只有深刻地洞悉语言所传递的意义，才能更好的理解语篇，把握作者的意图。对于外语学习者来说，通过以词汇语法为基础的语篇分析，一方面可以较为深入地把握语篇的主旨，另一方面可以通过语篇分析更加精确地掌握词汇语法所蕴涵的意义。希望本研究对小说分析和语篇教学具有一定的启示作用。

7.3.3　极性和情态的话语商讨性

理论上来说，肯定或否定命题包含对对立面的否定，即肯定命题蕴含着否定命题的否定，而否定命题蕴含着对肯定命题的否定。但通常来讲，人们把肯定陈述视为具有不可商讨的事实性，表现在句法中就是无标记性，而有否定词标记的否定命题则蕴含着对肯定命题的否定，也就是说，否定句的商讨性强于肯定句。在句法中的体现就是否定问句的确认功能。

情态值越低，话语的商讨空间就越大；相反，情态值越高，话语的商讨空间就越小。

（38）a. 你今天必须跟我回上海。

　　　b. 你今天可以跟我回上海。

无疑，例（38）a 中的"必须"是高值情态词，常表达上级对下级或长辈对晚辈的一种命令口气，说话者主观上不打算留给听话者任何商讨的余地，听话者的选择余地很小。与之相比较，例（38）b 留给听话者的选择余地就较大，听话者可以自行选择"是"还是"不是"，因而口气委婉、礼貌性更强。当然，任何含有情态词的小句都要比没有情态词的小句更具有商讨性。我们把商讨空间从大到小排列为：

肯定句 > 否定句 > 高值情态 > 低值情态

此外，汉语中丰富的情态系统还呈现出独有的特点，如情态助动词的连用。连用原则一般是主观情态在前、客观情态在后。多个情态的连用进一步增强了话语的主观性，同时也加大了话语的商讨性。如《喜洋洋与灰太狼》中灰太狼屡败屡战的"座右铭"，"我一定会回来的！""一定"是一种高值主观情态，而"会"属于中值客观情态。这种情态的叠加加强了灰太郎的一厢情愿。

相对于英语而言，汉语情态偏重于主观性，汉语情态中没有显性的客观表达，而且大多数情态副词更是表达一种说话者主观的揣度，如大概、也许、肯定、一定等。这和汉语表达的主观倾向性是息息相关的，当我们要求对陈述回应时，汉语用"明白了吗"，而英语是" Is it clear?"，前者朝向听者的理解程度，而后者则指向陈述的内容。

第八章　汉语评价系统

在汉语学界，在"啊、吗、吧、呢"是语气词这一点上是比较一致的，而"的"和"了"是否属于语气词则还存在着一定的争议。《现代汉语虚词例释》（北京大学1982）、《现代汉语虚词词典》（侯学超1998）和《现代汉语虚词词典》（张斌2001）都收录了语气词"了"，而只有张斌收录了语气助词"的"。胡明扬（1988）虽然没有把"的"和"了"看作是纯粹的语气词，但也没否认它们的语气功能，而且他还增加了语气词"嚜"（后来多写为"嘛"）。齐沪扬（2002）所列举的六个典型语气词主要是"的、了、啊、吧、呢、吗"。而表示变化的句末"了"，具有谋篇上的完句功能，不能体现人际意义，因而不在本文讨论范围。

本研究只讨论这些词语在句末位置上的人际功能，而对于它们在句中的话题提示、提醒、列举等功能，限于篇幅，暂未涉及。笼统地讲，利用语助词把句中成分独立出来，既能在层级上突出这些成分，还能获得它们的相关意义。下面我们试图基于系统功能语言学的人际功能思想，参照胡明扬（1988）的语气意义甄别验证方法，来探讨"的、呢、吧、啊、吗、嘛"这六个句末用词的人际功能。

8.1　"吗"的疑问语气功能

交流角色由言语功能来实现。信息给予和信息索取功能的典型实现方式分别是断定语气和疑问语气，物品或服务的给予和索取通常由行为句中的祈使句实现。感叹句用以实现一种特殊信息——强烈情感的给予。断定句在语言中，特别是在书面语言中的使用频率远远大于其他句类，是无标记的中性语气（Halliday 1976）。通常认为，"吗"体现是非疑问，"的"体现断定句，"吧"表现祈使句，"啊"体现感叹。我们用去掉语气词的方法来观察这些语气词是否各司其职，实现了信息索取、信息给予、物品或服务的给予或索取以及强烈情感的给予功能。

(1) a. 你会打乒乓球　b. 你会打乒乓球吗

(2) a. 我问过老吴　b. 我问过老吴的

(3) a. 咱们回家　b. 咱们回家吧

(4) a. 多么漂亮的景色　b. 多么漂亮的景色啊

以上四个例子分别是是非疑问、断定句、祈使句和感叹句的典型句式。(1) a 和 (1) b 的区别在于前者给予信息，后者索取信息（不考虑语调因素）。而且，从"吗"的词源看，"吗"由正反问的"无"发展而来（杨永龙 2003）。所以我们说"吗"的功能在于索取正反信息中的一极——是或否。而其余三组句子 a、b 对照并没有言语功能的变化。也就是说，"的、吧、啊"并没有实现言语功能的功能，因而不能区分语气类型。

再看颇有争议的"呢"，它出现于非是非问，包括特指问、选择问和正反问（陆俭明 1984；邵敬敏 1989）。

(5) a. 为什么　b. 为什么呢

(6) a. 你是回家还是留在这里　b. 你是回家还是留在这里呢

(7) a. 他是不是老师　b. 他是不是老师呢

显然，以上三类问句中的"呢"不能实现信息索取的言语功能。因为它们都有自己分别的句式结构来体现信息索取的言语功能。特指问其信息索取的体现在于疑问词的使用，选择问其信息索取的体现在于连词"还是",正反问是"A 不(没)A"结构。那么不能实现言语功能的语气词究竟表达什么意义?在句中又有什么功能?

8.2 "的、吧、呢"的情态介入功能

既然只有"吗"来实现人际间的交流角色,那么其他语气词又会体现说话者个人的什么态度呢?首先,来看句末用词"的"。

(8)a. 他买。/他买的。

b. 他会买。/他会买的。

c. 他一定会买。/他一定会买的。

从英汉互译的角度看,"的"的意义实际上相当于"it is a fact that …",表达了一种高值客观可能的情态意义。从句式关联上看,句末带"的"句子与表达事实判断的句子有着一定的历史繁衍关系,而说话者的态度判断就隐藏在通常表达事实判断的"是……的"结构中,句末"的"逐渐获得了表达态度的高度确信意义。从语料库的调查看,句末"的"与表达高值情态的"一定"有着较高组合率和同现率,也说明了句末"的"所负载的确信意义。说话者把自己的确信态度置于话语之中,通过句末"的"字把说话者的态度判断实现出来。尽管在实际语料中,"的"偶尔也会和"大概、或许"等低值情态成分同现,但同现频率极低,如:

(9)就实际的政治说,他大概一定是没有机会的。(CCL)

在特指疑问句中,句末"的"都表示事件的"已经发生",即表示时态上的已然,如:

(10)他什么时候走?/他什么时候走的?

此外，表示已然的"的"也可以用于陈述句和是非疑问句，如：

(11) 他骑车去/他骑车去的/他骑车去的（吗）？

表示"已然"的"的"字句与去掉"的"的句子有明显的时态差异，前者是已然态，后者是未然态或进行态。而表达高值客观可能的"的"字句与去掉"的"的句子不存在时态的区别，却存在着是否表示高值客观可能态度的区别，即前者表示高值客观可能态度，后者没有。从出现句式看，表示高值主观情态的"的"只出现于断定句，如：

(12) 他来吗？／*他来的（吗）？

部分学者将"的"看作断定语气的标志，正是基于"的"所表示的高值客观可能意义。信与疑在态度上是一对矛盾，因此，一个人不可能在同一句子中对自己的确信的信息再表示怀疑，故此，"他来的吗？"是不合乎语法的。由于表示高值客观可能态度的"的"只出现在断定句中，也就是说，"的"只表达对于信息的确信，而不表达对于服务和物品以及情感的确信，所以不出现于祈使句和感叹句。从演变关系看，"的"高值客观可能意义是由其表示已然的结构功能逐渐衍生而产生的，说话者的断定态度包裹在表示客观事实的关联结构下，因而可提供一种高值客观可能的命题信息。

其次，我们探讨句末用词"吧"。在口语中，语调可以起到区分断定句和是非疑问句的作用。即断定句用降调，是非疑问句用升调。而当"吧"出现在断定句句末和是非疑问句句末时，"吧"却能削弱原有句型的语气强度，如：

(13) a. 你是他的关门弟子吧。

　　 b. 你是他的关门弟子吧？（侯）

在断定句(13)a 中，"啊"表示中值可能的情态判断，在是非疑问句(13)b 中同样表示中值可能，其征询的意味则源于升调。"吧"不但降低了断定句的信度，也降低了是非疑问句的疑度。正如陆俭明（1984，1993）所言："'吧'是一个表示'疑信之间'的语气词"。疑信之间，恰恰是中值可能。从说话者角度说，说话者对信息的不确定性和与听话者的商讨性使句末"吧"的中值可能情态义削弱了语气强度。

"吧"在祈使句句尾时可以表示建议、请求、催促、商量的语气（吕叔湘 1999），例如：

(14)a. 你好好想想吧。（吕）

　　b. 帮帮忙吧。（吕）

　　c. 快点走吧。（吕）

　　d. 我们提早出发吧。（麓）

我们同意徐晶凝（2003）的观点，即"吧"具有对命题内容做出推量的情态语义，而祈使句中的"吧"是情态语义语用化的结果。我们这里补充的是这种情态语义是中值的可能性。由于祈使句的口气通常比较强硬，"吧"的中值可能情态义恰好能弱化说话者的口气，从而使说话口气比较委婉。可以看到，"吧"不仅能削弱断定句和是非疑问句的语气强度，而且也能降低祈使句的语气强度，因此，"吧"起到了缓和语气的润滑剂作用。特指问和感叹句都表示一种确定信息，而"吧"的揣测商讨内涵与之矛盾，所以不能用。

句末"呢"既可以用于特指疑问句(15)a、选择疑问句(15)b 和正反疑问句(15)c，也可以用于断定句(15)e，但不可以用于由语调或"吗"标志的是非疑问句(15)d。

(15)a. 你到哪儿去了呢？（吕）

    b. 你对这件事是赞成，还是反对呢？（吕）

    c. 这样说对不对呢？（吕）

    d. ＊这样说对呢？   ＊你是老师呢？

    e. 说不定这样说对呢。

    吕叔湘（1999）认为疑问句的"呢"表示疑问，而非疑问句的"呢"指明事实而略带夸张。从疑问分布上看，非是非疑问句的"呢"似乎与是非疑问句的"吗"构成一对互补的疑问语气。但是如前所述，疑问句中的"呢"没有区别信息索取的言语功能。更多的是说话人的自我揣度，具有低值主观情态意义，特别是在主语不是第二人称的非是非疑问句中，如："他怎么走了呢？"。在 2008 年春节联欢晚会的小品《卖房》中，蔡明的口头禅"为什么呢"中的"呢"，就非常突出地表达出了说话者个人的犹疑、迷惑和不解。试比较：

    （16）a. 为什么啊？

         b. 为什么呢？

    可以看出，"啊"的态度取向是听话者，是说话者让听话者知道自己的态度表白，而"呢"的态度取向为听话者本人，自言自语，自我审视。通常我们期待从对方那里获取答案时，用（16）a；而当我们觉得莫名其妙，不可思议时，用（16）b。蔡明的"为什么呢？"的疑惑是朝向自己的，作为一个下层的售楼小姐，她不可能希求从上级领导那里得到答案。基于此，"疑问词＋呢"比"疑问词＋啊"的口气更加缓和，礼貌性更强。当听话者听到"为什么呢"时，并非一定得对说话者做出解释。

    表示夸张的"呢"出现于断定语气。

    （17）a. 这塘里的鱼可大呢。（吕）／a′. 这塘里的鱼可大了。

         b. 晚上电影八点才开始呢。

c. 亏你还是个大学生呢，连这个都不懂。

在(17)b、(17)c 中的"呢"仍然保留着低值主观的情态判断，(17)b 是对对方判断的怀疑，(17)c 是对"你"作为大学生能力的怀疑，因而具有反讽效果。与前面的副词"才、亏"共同形成夸张口气。"呢"的基本义是低值主观情态判断，夸张口气是其基本义的引申。我们认为，(17)a 中的"呢"与 a′中的"了"相同，完句作用更多，去掉"呢"不能独立成句，不能说"∗这塘里的鱼可大"。这里的"呢"是表持续"呢"的虚化。

8.3 "啊、嘛"的层级功能

"啊"通常被看作是感叹语气的标志，而在实际语料中，"啊"可以出现于所有语气类型的句子。

(18)a. 断定句：这东西吃多了要闹肚子啊。（侯）

　　b. 是非疑问：你不会唱歌啊？（侯）

　　c. 特殊疑问：你看，这是个什么字啊（侯）

　　d. 祈使句：吵死了，别唱啦（了+啊）（侯）

　　e. 感叹句：那孩子多脏啊！（麓）

可以看出："啊"是一种情绪的张扬，具有突出和强调功能，语气词"啊"与叹词"啊"具有同样的表示说话者某种态度和情感的人际内涵，只因其句法位置不同而名称不同。在上述例句中，(18)a 突出强调"吃多了"会导致"闹肚子"这一坏的结果，因而整句具有提醒意义；(18)b 因为对"不会唱歌"这一事实感到惊讶，所以用夸张口气"啊"表示怀疑态度；(18)c 是对疑问点"什么字"的强化和突显，如果特指疑问句句尾有"啊"，通常是对疑问点的突出，特指疑问词需要重读；(18)d 祈使句中的"啊"同样表现了一种说话者情绪的张扬，而正是这种情绪的融入才缓和了不用"啊"时的强硬口气（与"吧"对比讨论）。

由于"啊"的这种焦点强化和情绪张扬作用，才被广泛使用于感叹句。从本质上说，感叹句是一种特殊的断定句，感叹句与其他断定句的区别绝非仅仅靠一个句末"啊"字就可以区分的，对于如何感叹句的界定将另撰文讨论。从"啊"所能出现的语气类型看，"啊"并非专属于感叹句，不是感叹句的独有标记，是感叹句的特殊功能选择了"啊"。

此外，祈使句中的"吧"和"啊"都可以表示命令、请求、催促等语气，那么它们又有什么区别呢？试比较：

(19) a. 快走！

    b. 快走啊！

    c. 快走吧！

很明显，没有语气词的催促口气最为强硬，"啊"次之，"吧"口气最为缓和。"啊"因其情绪的融入缓和了直接催促的口气。而"吧"因其中值情态性的揣测义而增加了话语信息的开放性和商讨性，从而使话语更加礼貌，含有一种征求与商量的意味。

由此，在感叹句中"啊"因其传达作为一种特殊信息的情感功能而语用化为感叹语气的标志。同时，"啊"的情绪张扬和焦点强化功能不受语气类型的限制。

侯学超（1998）认为，"嘛"（么2）没有疑问用法，用于确认事实就是如此，或道理显而易见，可以出现在断定句(20)b和祈使句(20)c末尾，表肯定语气。

(20) b. 你本来就是佛嘛，还求什么佛呢？（侯）

    c. 老师，就让我再考一次嘛。（侯）

我们搜索的语料中"吗"也出现于与"嘛"相同的位置，即表示断定语气、特指疑问和祈使语气的句子末尾，但我们认为这可能是因为"吗"与"嘛"的来源和读音相同，是对"嘛"的假借使用或误用或错用。而在"不是……吗"的反诘问句中，"嘛"也出现在了与"吗"相同的疑问句句末，通过搜索并统计 CCL 语料库，可以发现："不是……吗"例句为 10,325 条，其中问号？结尾句为 8583 条，"不是……嘛"为 492 条，其中问号？结尾句有 62条。"不是……吗"这一特定结构的反诘语气正是因为"吗"的疑问功能而获得，所以当"嘛"出现在反诘语气的句尾时，其实是误用或错用。也许有必要在教材中重申二者的区别用法。

与"的"的高值客观情态不同，断定句中的"嘛"有一种基于说话者自信而毋庸置疑、显而易见、无需多言的情感意味，如果说"的"意味着"it is a fact that …"，那么"嘛"则意味着 I am sure that…。也就是说，"嘛"体现的是一种主观性高值情态。而祈使建议句中的"嘛"表现出一种任性和撒娇的情绪因素，含有央求和坚持的意味，使口气变得柔和，具有层级上的弱化作用。

由此，六个语气词可以被放入同一个结构末尾来分辨其人际意义的差别，如：

(21) 好吗/好不好呢/好吧/好啊/好嘛/好的

其人际意义可以归纳如表 8 - 1 所示。可以看出，汉语语气词的主要功能并不是区分语气类型，更大程度上是其评估功能（assessment），即说话者通过语气词对小句的命题或建议表明态度和揭示说话者的介入程度（Halliday and MaDonald 2004）。如果依据信、疑的两极对其进行排列，可以发现，"的"是完全信，信值为 1，"吗"是完全疑，信值为 -1。"啊、吧"是半信半疑，是中值情态，"啊"倾向于信，信值是 1/2，"吧"更倾向于疑，因而信值是 -1/2，"嘛"的信值是 3/4，"呢"信值为 -3/4。"吗"的完全疑使其成为是非疑问的标志手段之一。"的"因其表达客观判断的特殊结构而获得高度客观确信功能，把说话者的判断伪装在通常表达事实判断的结构中。并在层级上获得焦点强化功能。"吧"半信半疑的中值情态意义使其游离于断定句与疑问句之间，其所表现的商量口吻为听话者提供更大的商讨空间，因其礼貌性而逐渐功能化为祈使句的标志之一。"呢"的低值主观情态意义使其功能化为非是非疑问的标志之一。"啊"的情感突出功能必然会在感叹句中体现。"嘛"在断定句的主观确信功能表现在建议句中具有任性、撒娇的口气缓和功能。

表 8-1　汉语语气词的人际意义

语气词＼人际意义	的	嘛	啊	吧	呢	吗
信值	1	3/4	1/2	-1/2	-3/4	-1
语气类型	断定	断定/祈使/感叹	断定/疑问/祈使/感叹	断定/疑问/祈使	特指疑问	是非疑问
情态意义	高值客观可能	高值主观可能		中值情态	低值主观可能	
评价意义	焦点强化	口气缓和	情感突出			

第九章　汉语接续语系统

9.1　接续语的界定

20世纪50年代，语言学家开始关注自然语言和话语分析，并由此注意到了口语中广泛分布、但没有命题意义的 well，you know，I mean 等标记词。由于此类表达出现于话语层面，而非句法层面，因而被称为话语标记（discourse marker）、语用标记（pragmatic marker）、小品词（particle）等。80年代开始，随着对语篇分析的深入研究，人们开始从社会语言学（Schiffrin 1987）、语用学（Jucker and Ziv 1996；Fraser 2005）等多个视角对话语标记进行了广泛研究。

然而，至今话语标记仍是一个相对宽泛而模糊的概念，对其的界定及其所包含的内容仍是智者见智，仁者见仁。Schiffrin（1987）从社会学的角度讨论了作为信息处理标记的 oh、作为应答标记的 well、作为话语连接语的 and，but，or、作为原因和结果标记的 so 和 because、时间副词 now 和 then、以及表示信息和参与的 y'know 和 I mean。概括来说，其功能参数可以为谋篇性、态度性、认知性和交际性，由此，话语标记可囊括语篇结构语（标记话语单位的起始、结束或话语单位间的过渡）、情态或态度指示语、讲话者－听话者目的和关系标记语、既定话语如何进行的指令语（Jucker and Ziv 1996：4）。

从系统功能语言学的视角来看，Halliday & Hasan（1976）从语篇连贯的角度对诸如 and、but、so、because 等连接词的语篇衔接功能的探讨也在话语标记研究范围之内。Matthiessien（1995：432）在对语气系统描述时提及了接续语（continuity），不过他所指的接续语是作为回应的次要小句（minor clause），体现话语的接续（continuing）功能，例如：They arrived last night—uhuh 中的 uhuh。

Eggins（1997：82—83）在论述口语交际中的语气结构时，在讨论人际和谋篇附加语（Adjunct）时提及了口语交际中的接续语（continuity）。指出，人际附加语不仅包括 probably，maybe，usually，never 等情态副词，还包括 I think，I guess，I reckon 等主观化的情态隐喻以及作为隐喻的模棱语（the metaphorical hedge）you know。而谋篇附加语包括三类：1）连接附加语（Conjunctive Adjuncts），如用以表达逻辑关系的 and，then，so，because 等；2）接续附加语（Continuity Adjuncts），如表明说话者的话语与前面谈话的持续性的 well，oh 等；3）交际维持附加语（Holding Adjuncts），如说话者组织信息时，用于保留发言权的 uh，um 等。可见，Eggins 把接续语视为一种语气结构中的附加语。

话语标记的称谓较为空泛，而接续语的称谓较能体现此类结构在话语中的功能。因此，这里我们把接续语视为一种独立而封闭的系统，并基于系统功能语言学理论，把接续语从语言学的角度给予重新界定。首先，接续语没有经验意义，应该不属于任何其他词类，因而不能进入及物结构成为环境成分；其次，接续语是一种固化表达，即接续语在其历史演变中获得了一种固定的表达方式，如英语中的 you know，I mean 等没有时态变化，不能说 you knew 或I'll mean；最后，其主要功能是使得话语得以持续，三者缺一不可。虽然这里的接续语仍有"垃圾收纳箱"之嫌，但至少将已经有所归属的连接词和时间副词排除在外。

9.2　汉语接续语系统

我们通过期刊网的搜索，获得汉语接续语（话语标记）"好、其实、算了、你看、我看、我说、别说、对了、你知道、那么、反正、回头、完了、不是"。根据以上定义，我们所讲的接续语不包括语气副词"其实、反正"和连词"那么"，因为它们已有自己归属的词汇系统。

接续语因其同前后话语的接续功能而得名，也就是说，接续语在谋篇上具有前后衔接功能，同时接续语的态度揭示功能，即具有人际功能也是彰显若揭的，但是不同的接续语或者会侧重体现人际意义，或者会侧重体现谋篇意义。我们根据其表达意义的侧重，把接续语分为两类，即人际接续语和谋篇接续语。人际接续语包括"好、你看、我看、我说、你知道"，谋篇接续语有"算了、要不、别说、对了、回头、完了、不是"。据此，我们将接续语系统描述为如图 9-1 所示。谋篇接续语则主要承担或承上或启下的衔接功能，人际接续语的主要功能表现为说话者或者说话者邀请听话者对交际的介入。

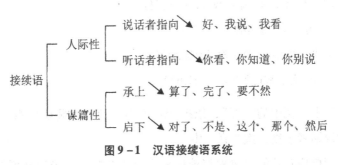

图 9-1　汉语接续语系统

1. "好"

邵敬敏、朱晓亚（2005）把作为接续语的"好"称为功能词，并探讨了"好"的话语功能及其语法化轨迹。指出，作为话语功能词的"好"由形容词"好"发展而来，经历了从宋元通俗小说中表示积极态度的赞赏、应允，到 20 世纪现代小说中完全虚化的话语衔接功能的发展过程。

"好"本身并没有任何命题义或经验义，其意义的获得取决于它所发生的上下文语境，离开了语境，我们无从获知其所传达的言者态度。由此，根据其在语境中所传递的言者态度，邵敬敏、朱晓亚（2005）把"好"的话语功能分为三类：积极应对、消极应对和话语衔接，其中，积极应对功能和消极应对功能主要用于对引发语的应对回答中。

积极应对功能又可根据口气轻重和态度强弱分为赞赏、应允和确认三种。例如：

（1）摄影师：头再往左偏点。

　　［拍照的人往左偏偏头］

　　摄影师：好，就这样，看镜头。

（2）四：不，你先别给我看，让我猜猜。

　　鲁：好，你猜吧。（《雷雨》）

（3）黄：李秘书，这是你要的紧急抄件。

　　李：好，放这儿吧。（《日出》）

以上三例中的"好"，依次具有赞赏、应允和确认功能，所传递的说话者态度依次为强、中、弱。

消极应对功能又可根据消极程度分为礼貌、让步和讽刺三种。例如：

（5）a. 晚上咱们一起吃饭？

　　b. 哟，我得赶篇稿子。

　　c. 好，那下次再说吧。

（6）孙燕：对，我说你虚伪。你说你是不是虚伪？

　　翟志刚：好，我虚伪，虚伪。（《空镜子》）

（7）好，这下他们输得可惨了。

以上三例中所传递的说话者的消极态度从弱变强。

最后一种是不含说话者态度的话语衔接功能，同样包括三类，表示新话语开始、表示旧话语的结束、既表示新话语开始又表示旧话语结束。例如：

（8）［上课铃响了，老师走进教室］

　　老师：好，我们开始上课。

（9）老师：好，今天我们就学到这儿。

（10）大妈：看人就要看人的眼睛，要看定！好，看着我！（《橘子红了》）

2. "我看、你看"与"我说、你说"

曾立英（2005）讨论了"我看"和"你看"从"观察义"经"认知义"到话语标记的主观化发展过程，指出，现代汉语中的"我看"和"你看"表示说话人的主观态度，是话语标记的一种用法。刘嵚（2008）追溯了"我说"从"行为义"经"认知义"到"篇章义"的演变过程，指出，它们可以出现在责备、建议或咨询、感叹三种语用环境中，并可以与"呢、啊"等语气词共现。

"我看"与"我说"都是以说话者为视角使说话者参入到话语交际中，以一种明显主观化的情态隐喻来表达说话者的主观态度，从而减弱命题的客观性和事实性。

3. "你知道"

刘丽艳（2006）根据话语标记"你知道"与所指信息间的位

置关系，归纳了"，你知道吗—X，"、"，—X，你知道吗（吧）"和"，你知道，—X"三种模式，指出，作为话语标记的"我知道"具有互动性特征。

4."哎"

当"哎"用作降调时，是一种无可奈何的不满叹气；用作升调时，表示对远处对方呼唤的应答；用作平调时，则具有提醒对方注意的接续作用。

（11）哎，又下雨了。

（12）"卢小生。"

"哎，我在这儿。"

（13）"哎，你今年多大了？"

由此，我们可以把人际接续语的结构特征描述为：

第一，作为固定结构而可以单用，人际接续语可以后接"啊、吧"等语气词。

第二，位置灵活，可以在句子开头，可以在句子结尾，也可以在句中用。

第三，作为固定结构使用的接续语不能进入经验结构。比如：

我大姐	今年	你看	就快	四十	了	吧
载体	环境成分	接续语	过程：关系	属性	过程	过程

从以上的及物结构分析中可以看出，这是个关系过程（Relational process）小句。其中，"我大姐"是载体（Carrier）；"就快"以及句尾的"了"和"吧"共同构成复杂动词词组承担关系过程；"四十"是载体的属性（Attribute）；今年是表时间的环境成分（Circumstance）。这里，我们很难把"你看"归入经验结构中

的任何一个成分。而且，这里作为接续语的"你看"完全不同于具有及物结构的"你看"，虽然前者由后者演化而来。具有及物结构的"你看"是一个心理过程，其中"你"是感觉者，"看"表示心理认知过程。而上例中的"你看"只是一种表示交际双方互动的插入语。

这里，作为接续语的"你看"表现了说话者与听话者之间的互动，即作为交际侵入者（speaker as intruder）的说话者同时邀请听话者参入到对所述命题的判断，也就是说，"你看"是用来体现人际意义的。

9.3　说讲类接续语

从句法来看，某一句法位置对一定句法结构的语义类型具有制约性，而这一句法对语义的制约性取决于该句法位置与前后句法位置的句法关系；从语义来看，只有部分语义性质的句法结构可进入到该句法位置，句法结构的语义类型对其能否占据某一句法位置具有决定性，而这一语义对句法的决定性则源自该句法结构的自身语义性质及其与前后句法成分的语义关系。

本节试图全面细致地探讨"句首"这一句法位置对说讲类接续语的选择限制，深入揭示说讲类接续语的话语类型、语义类型、语义功能及其与后续命题句之间的句法关系。这里所说的说讲类接续语主要是指以"A（地/的）V"为主要对象，以"V（得）A（一点/一些）/N"为参照对象，并涉及其他语义相关句法结构的句首接续语，其中 A 为形容词，V 则是以"说、来说、说来、讲、来讲、告诉、而言、而论"等为核心的说讲类动词，A 与 V 组合形成句首的说讲类接续语，例如：

(14) a. 准确地说，西藏是一个动物乐园，什么动物都多。

　　　b. 概括来说，世界华文文学的研究，已有十多年历史。

　　　c. 坦率地讲，主权问题不是一个可以讨论的问题。

　　　d. 客观点说，他们为复兴古建、美化环境是作了一些贡献的。

(15) a. 说得精确一点，那就是带着一大批欧洲的海盗屠杀了无数印第安人民。

　　　b. 说简单些，就是实现企业内部与市场经济的接轨。

　　　c. 讲老实话，民主党如果再上台，我们也不能不同他打交道。

　　　d. 说句公道话，金钱和精神都不是万能的。

说讲类接续语还有"一般而言、简单跟你说吧、坦率地告诉你、说白了、说句通俗话、说真心话、说真格的"等等。

本节就是以句首说讲类接续语为研究对象，以北京大学中国语言学研究中心的 CCL 语料库为调查对象，试图回答以下问题：1) 句首说讲类接续语有几种话语类型？2) 如何界定该类接续语的语法性质？3) 说讲类接续语可以分为哪些语义类型？4) 说讲类接续语具有什么样的语义功能？5) 如何基于语义语法理论揭示接续语的本质意义？

9.3.1　说讲类接续语的话语类型

从语料调查看，句首的说讲类接续语与后续句可能构成不同的话语关系，划分出不同的接续语类型。比如：

(16) a. 老实说，我担心你。

　　　b. 老实说，你干了什么坏事？

(17) a. 说得确切些，两个人产生了感情。

　　　b. 说得确切些，究竟有多远？

(16) a 和 (17) a 都可以在话语标记前补出隐含的说话者"我"，

即：【我】老实说，我担心你。【我】说得确切些，两个人产生了感情。因此，这种隐含说话者"我"的接续语可称为自称式接续语，显性的自称式接续语还有：我说、我认为、我看、我觉得、我听说等等。(16)b 和(17)b 的接续语所隐含的人称则是听话者"你"，即：【你】老实说，你干了什么坏事？【你】说得确切些，究竟有多远？这种隐含听话者"你"的接续语可称为对称式接续语，显性的对称式接续语有：你想、你看、你说、你知道、你明白等。这样，说讲类接续语就可根据隐含人称而分为两类：自称式和对称式。

其实，从话语功能上说，说讲类自称式接续语的功能就是说话者通过后续句在向听话者提供信息时自己陈述信息的话语基调，即"我老实说、我说得确切些"。与之相反，说讲类对称式接续语的功能就是说话者通过后续句在向听话者索取信息时要求听话者回答问题的话语基调，即"你老实说、你说得确切些"。据此，说讲类接续语从功能上可分为陈述性和祈使性两类。

判断说讲类接续语人称类型和功能类型的标准是什么呢？一般来说，如果后续句的功能是提供信息，那么，句首的说讲类接续语就是自称式陈述性的，简称自述式；如果后续句的功能是索取信息，那么，句首的说讲类接续语就是对称式祈使性的，简称对祈式。如下表所示：

表9-1 说讲类接续语类型

标准 / 类型		话语人称类型	话语功能类型	后续句功能
说讲类接续语	自称式	第一人称说话人	陈述性	提供信息
	对称式	第二人称听话人	祈使性	索取信息

不过，当后续句是索取信息时，有时句首的接续语会产生歧义，即可能是自述式的，也可能是对祈式的，如：

(18) a. 说明白点儿，谁是臭娘们呀？

b. 简单地说，你需要多少钱？

例（18）中的接续语"简单地说、说明白点儿"究竟是指向说话者自己还是指向听话者，需要根据具体的语境（特别是说话者的表达意图和语音形式）进行判断。

从语言类型学上说，汉语和英语在说讲类接续语的句法位置、与后续句的句法关系和语义关系存在着一致性。英语表达汉语句首说讲类接续语的方式主要有：副词（frankly）、介词短语（in all frankness）、非限定性小句（to be frank，to speak frankly，to put it frankly）、现在分词小句（frankly speaking，putting it frankly）、过去分词小句（put frankly）和限定小句（if I may be frank，if I can speak it frankly，if I can put it frankly）等等（Quirk et al. 1985：6157）。

不仅如此，汉语说讲类接续语的分类及其歧义现象，英语中也都存在着，Quirk et al.（1985：615）和 Huddleston et al.（2002：773）曾论述过英语的相关现象，如：

(19) a. Frankly, who give a damn anyway? 坦白地说，谁在乎呢？

b. Frankly, what do you think of the plan? 坦白地说，你认为这个计划怎么样？

c. Briefly, what are the chance of success? 简单地说，什么是成功的机会？

尽管(19)a 的后续句是疑问句，但不是索取信息的疑问句而是表示肯定信息的反问句，翻译成汉语就是"谁会在乎呢？＝没人会在乎"。因此，frankly 隐含的就是说话者"我"，即：I tell you frankly（我坦白地告诉你），可以归入自述式接续语。(19) b 的后续句是典型的索取信息的特殊疑问句，那么，frankly 隐含的则是听话者"你"，即：You tell me frankly（你坦白地告诉我），可以归入对祈式接续语。(19) c 的后续句是索取信息的特殊疑问句，而接续语 briefly 却产生歧解，或者是 I ask you briefly（我问你一个简单的问题）；或者是 You answer me briefly（你给我一个简单的回答）。Quirk et al.（1985：615）所举的例子是：Frankly, is he tired?

下面我们将主要探讨说讲类自述式接续语，那么，其语法性质如何呢？

9.3.2　说讲类自述式接续语的语法性质

在汉语学界，1957 年，杨欣安（1957：354）在独立成分的插说中首次简单分析了"老实说"，至 1958 年，叶南薰（1958：50、61、65）则在专著中细致地讨论了句首"老实说、严格地说、说老实话"等"A（地/的）V"相关结构，随后汉语学界和英汉比较学界的不同学者对此多有涉及。

首先，在术语称谓上，主流观点是表示插说的独立成分（杨欣安 1957：353；叶南薰 1958；哈师院 1975：213；赵月朋 1980：210；江天 1980：248；周一民 1995：300；张登岐 1998），另外有独立成分（胡裕树 1962/1979：340；王钟林 1978：108；王维贤等 1981：119）、独立语（黄伯荣、廖序东 1988；邢福义 1996：127）、插入语（那润轩 1990：53—54；高书仁 1992：83—87；张璞 1992：47—48；许文龙 1993：39—40；刘月华等 2001：651；封小雅 2004；司红霞 2006；刘亚男 2006；郭琴 2008；孔笋 2008；邱闯仙 2010；余奕 2010 等）、连接成分（廖秋忠 1986：418、423；刘昱昕

2009)、话语标记（徐素琴 2009；马宁宁 2009；王蕊 2010）等，术语的不同反映了研究视角的差异，总的趋势是从结构主义语法主导的句法结构分析逐渐过渡到话语分析为主导的话语标记研究。由于"老实说"与单句、复句、句群都存在关联，从话语层面分析其话语功能乃大势所趋。

其次，在语法功能上，"A（地/的）V"相关结构的语法功能主要指句法功能（能否作主谓宾补定状）、结构功能（是否与别的成分发生结构关系）、连接功能（是否起到连接作用）、表达功能（是否表示语气）、语义功能（是否表达一定的意义）。早期基于结构主义句法思想的学者一般把"A（地/的）V"相关结构与后续句组合成一个"单句"，从而否定"A（地/的）V"相关结构在这个单句中的句法功能、结构功能，甚至连接功能和表达功能，但承认其语义功能（叶南薰 1958）。随着篇章语言学和话语分析的引入，其连接功能（廖秋忠 1986；沈开木 1987；刘昱昕 2009；徐素琴 2009）和表达功能（张成福、于光武 2003；余奕 2010）逐渐得到重视，并开始把"A（地/的）V"相关结构看作是后续句的话语标记（胡裕树 2003：345；徐素琴 2009；马宁宁 2009；王蕊 2010）。

再看英语学界的主要观点。从汉英互译的角度看，汉语"老实说、坦诚地说、准确地说"与英语句首的 frankly、honestly、exactly 存在着对应性，对于此类成分的命名及其语法功能，目前主要有四大主流观点：Disjunct（外加语，Quirk et al. 1985：617）、Stance adverbials（立场状语，Biber et al. 1999：853）、Adjunct（附加语，Huddleston and Pullum 2002：773）和 Modal adjuncts（模态附加语，Halliday 2004），此外，Andrew Radford（1988：607）将其称为 Sentential adverbials（句子状语）。英语学界主要是从句首成分与后

续句间的句法关系和语义关系来研究 frankly 的性质，从命名上看，本质上都把句首成分看作附属于后续句的不能独立存在的一个句法成分——状语。Quirk et al.（1985：615）还把外加状语分成了语体（style）和内容（content）两类，前者如 frankly、simply、generally，后者如 obviously、likely、actually，但分类标准既不是意义也不是功能，常常互有交叉。

可以说，汉英语言学界对"A（地/的）V"相关结构的主流观察视角可归为基于结构主义理论的单句句法成分分析，也就是说，都以"A（地/的）V"相关结构与后续句组成一个单句为预设前提而讨论其句法功能，并据此用不同的术语来突出其不同的性质。

无论是汉语学界的插入语、独立语等还是英语学界的外加状语、附加状语等，都是以单句为预设分析单位，都无法解决句首的"A（地/的）V"相关结构或 frankly 成分与后续句的关系问题，如果以话语为分析单位并基于意义（语义关系）来分析二者之间关系，就会发现，从本质上说，"A（地/的）V"相关结构或 frankly 成分与后续句的关系属于小句与小句之间的复句关系，如：

(20) a. 坦率地说，有一点您写得不准确。

　　b. 可以坦率地说，有一点您写得不准确。

　　c. 我可以坦率地说，有一点您写得不准确。

　　d. 我可以坦率地告诉您，有一点您写得不准确。

(21) a. Frankly, I didn't like the movie.

　　b. Frankly speaking, I didn't like the movie.

　　c. I tell you frankly, I didn't like the movie.

　　d. I can tell you frankly, I didn't like the movie.

单从句首成分来看，(20)和（21）中的 a 和 b 属于短语或者词语，但 c 和 d 却是结构完成的小句，而在话语意义上，a、b、c、d 各个句子所表达的概念意义基本上却是一致的，因此，从本质上讲，（20）和（21）内部关系属于小句与小句的复句关系。但与一般的基于语义顺逆而划分的"因果、并列、转折"复句关系不同（邢福义 2001，38），在话语构成上说，句首成分所表的意义不完整，并不能单独形成话语，必须与后续小句共同形成完整的交际话语，从这个意义上，句首成分可以称为引发话语的标记，而后续小句则为话语的内容。其实，在一般复句关系中，小句在意义上的非独立地位较为常见，如假设条件句：三天不跑步，我就不舒服。其中，"三天不跑步"也不能单独构成话语。因此，可以说，句首成分属于话语标记型的小句，后续句则为话语内容，二者构成话语投射与话语内容的话语关系。

从语用角度来说，作为引导听话者正确理解并相信其真实性的说讲类话语标记属于元语言层面的，而作为话语内容的后续句则属于对象语言层面的，话语标记与话语内容之间的复句关系就是元语言与对象语言的关系（吴亚欣、于国栋 2003），如果一定要从单句句法上理解话语标记与话语内容间的复句意义，那么，可能用述宾关系来解释较为合适，话语标记是表示陈述行为的谓语，而话语内容则是表示陈述对象的宾语。

可以说，接续语与后续句之间的关系不能简单地从单句内部句法成分的角度进行研究，而必须从小句与小句之间的话语关系层面给予解构，但接续语小句与后续小句之间的关系并非简单的复句关系，而是话语层面的话语投射与话语内容关系。

就"A（地/的）V"相关结构来讲，并非所有的形容词都可以进入该种结构中，那么，"A（地/的）V"相关结构究竟有哪些语义类型呢？

9.3.3 说讲类自述式接续语的语义类型

从语料库的调查看，根据 A 的语义，可以将说讲类自述式接续语划分为四种语义类型：质的确切性、量的简括性、关系的诚信性、模态的客观性，前两类从静态角度说明了后续命题句的信息理解值，后两类则从动态角度点明后续命题句的信息可信值。

1. 确切性

说话者会利用说讲类接续语来强调后续命题句所述信息在质上的准确值，以利于听话者解读、领悟或理解，常见的 A 有：确切、准确、精确、明确、正确、通俗、妥当、恰当、详细、直截、具体、切近、形象、细致、严格、【不夸大、毫不隐讳】。

(22) a. 但 4 年后，确切地说，3 年之后，美国成为被全世界指责的对象。

b. 具体来讲，要处理好三个关系。

c. 正确说来，他们不会把这些要素列入计算来发起战争。

d. 她今年五十三岁，电影演员。哦，不，说得准确一点，曾经当过电影演员。

2. 简括性

说话者会运用说讲类接续语说明后续命题句在信息量上的简约值，以便于听话者较为准确地把握命题信息，常见的 A 有：概括、简单、简短、简括、简略、简要、粗略、粗浅、笼统、粗疏、扼要、大致、大要、大概、大体、通俗、整体、广义、广泛等。

(23) a. 扼要地说，就是要从物质背景上来阐明相对论效应。

b. 概括地讲，在九五期间国家要执行比以往更加严格的环保政策。

c. 大致说来，按铃的人可以分为下列四型。

d. 说得简单一点，我们会变成精力过剩的怪物。

3. 诚信性

说话者可通过主观上表白自己的诚信来凸显后续命题句所述信息的可信度，以便取得听话人信任或认可，常见的 A 有：坦白、坦诚、坦率、坦然、率直、直白、直率、老实、实在、真正、真格、正经、规范、认真、肯定、干脆、平心、凭心、【不讳】、等。

(24) a. 坦诚地说，即使不谈我欠您的情，我觉得我对您仍然友好。

　　b. 干脆说吧，研究资产阶级的文学，必须有正确的立场观点。

　　c. 说老实话，我就是在这一点上对母亲有意见。

　　d. 说实在的，我们真不愿离开校园。

4. 客观性

说话者可从话语的客观性、公平性、非主观性角度阐明后续命题句所属信息的事实性，以增强听话者对话语内容的信任，常见的 A 有：客观、一般、实际、公允、公正、公平、公开、公道等。

(25) a. 客观而言，投资股市和把钱存入银行，同样是支援社会主义建设。

　　b. 公正地讲，大多数不讲公德的人也还是有廉耻心的。

　　c. 一般来说，这种差额不得超过买卖金额的5%。

　　d. 说句公道话，现在农村有些工作难度很大，干起来不仅辛苦，而且不讨好。

从语料来看，说话者主要运用说讲类自称式接续语表达后续命题句的确切性、简括性、诚信性和客观性。那么，为什么说话者要在句首位置通过接续语来凸显后续句命题信息的这四方面的特征呢？可以通过说讲类接续语的语义功能来解答。

9.3.4　说讲类自述式接续语的语义功能

为什么说讲类自称式接续语主要是四种语义类型呢？这与说讲

类自称式接续语的语义功能有关。一般来说，说话者使用说讲类自称式接续语的目的，不仅要确切而简括地表达后续命题句信息，而且还要诚恳而客观地表达后续命题句的信息。前者是说表达什么样的信息，后者是说采取什么样态度表达信息。前者的目的是增加信息的可解值以便于听话者理解领悟信息，后者的目的则是增加信息的可信值以便于听话者相信信息的真实性和可信性。因此，说讲类自称式接续语的语义功能就是"促进理解、增加信任"，即促解增信功能。"促进理解"主要由信息表达的"确切性和简括性"来保证，而"增加信任"则由信息传递的"诚信性和客观性"来保证。说讲类自称式接续语的促解增信的语义功能与其语义类型有着一定的对应关系，如表9-2所示：

表9-2　说讲类自述式接续语的语义类型及语义功能

逻辑范畴		语义类型	语义功能	后续命题句的信息值
静态	质	确切性	促进理解	可解值
	量	简括性		
动态	关系	诚意性	增加信任	可信值
	模态	客观性		

从句法与语义的关系来看，句首位置对说讲类自称式接续语的语义类型具有选择限制性，只有能起到促解增信语义功能的语义类型才能以说讲类自称式接续语的形式占据句首位置，与其语义类型相反或不同的形容词则受到限制。

那么，如何验证说讲类自称式接续语的促解增信功能呢？可以通过比较的方法。其一，与说讲类接续语的四种语义类型相反的形容词不能以说讲类自述式接续语的形式占据句首位置。其二，与说讲类接续语的四种语义类型不同的形容词不能以说讲类自述式接续语的形式占据句首位置。

首先，从对立性看，说讲类接续语的四种语义类型是确切性、简括性、诚信性、客观性，与之对立的分别是模糊性、繁琐性、虚伪性、主观性，表达后四种语义类型的形容词不能以说讲类接续语的形式占据居首位置。这样就表现出同类形容词，因意义相反或相对，而在句法分布上表现出非对称性。下面以四种语义类型的典型形容词"确切—模糊、简单—复杂、坦白—虚伪、客观—主观"为代表进行对比，可以看到：a 都是合法的，而 b 却很难被语感接受，如：

(26) a. 确切地说，他首先是革命家，其次才是艺术家。

　　 b. ＊模糊地说，他首先是革命家，其次才是艺术家。

(27) a. 简单地说，我国现在正处于发展的关键时期。

　　 b. ＊复杂地说，我国现在正处于发展的关键时期。

(28) a. 坦白地说，结婚十载，我从来不曾用过这条绳子。

　　 b. ＊虚伪地说，结婚十载，我从来不曾用过这条绳子。

(29) a. 客观地说，青海湖的水是澄碧清澈的。

　　 b. ＊主观地说，青海湖的水是澄碧清澈的。

由此可见，一对语义相反的形容词因语义对立会造成句法分布上的差异，反映出语义对句法的决定性，而句法对语义具有选择限制性，即选择一部分语义类型进入该结构而限制另一部分语义类型。

其次，从排他性上看，与说讲类接续语中的四种形容词语义类型不同，有些形容词语义类型不能进入说讲类接续语的形式"A的说"而必须进入"A 的是"类接续语的形式中，并占据句首位置①。从语料统计看，"情感性、奇怪性、幸巧性、重要性"四种语义类型的形容词要进入到句首位置，就不能采用"A 的说"的形式，而需采用"A 的是"接续语的形式，例如：

(30)a. ＊遗憾地说，中美建交不到三个月，美国国会竟通过了所谓《与台湾关系法》。

b. 遗憾的是，中美建交不到三个月，美国国会竟通过了所谓《与台湾关系法》。

(31)a. ＊奇怪地说，阿飞居然也没有闪避。

b. 奇怪的是，阿飞居然也没有闪避。

(32)a. ＊幸运地说，我的打鼾尚不算十分严重。

b. 幸运的是，我的打鼾尚不算十分严重。

(33)a. ＊重要地说，我们要为未来的政治发展奠定基础。

b. 重要的是，我们要为未来的政治发展奠定基础。

能够进入到"A 的是"接续语中的情感性形容词常见的有：遗憾、高兴、惭愧、委屈、欣慰、无奈、痛心、烦恼、可恨、可怕等等；奇怪性的有：奇怪、蹊跷、稀奇、诡异、怪异、奇妙、奇特等等；幸巧性的有：幸运、侥幸、不幸、巧合、不巧、凑巧等等；重要性的有：重要、要紧、紧要、要命、关键等等。

总之，不管是与说讲类接续语语义类型相反的形容词还是不同的形容词，都不具有说讲类接续语基于确切性、简括性、诚信性、客观性四种语义类型的促解增信功能，反义形容词可以与"说"组合，但不能形成句首的接续语，其他义形容词可以作为接续语，但

①　方清明（2012）曾认为话语标记"X 的是"是有标化的过程，从语言发展的角度看，标记词的脱落而导致的无标化可能会证明刘丹青（2009：202—228）的无标化解释。

不是说讲类接续语，而是基于判断和评价的焦点型的"A 的是"类接续语。

为什么会这样呢？自述式接续语是由"A 与说讲类动词 V"组合而成的，是说话人基于自身的主观意愿启动话语内容的标记，"说讲类动词 V"反映了话语的启动性，而"A"则主要反映说话人的主观意愿：促解增信，而 A 所指称的质的确切性、量的简括性、关系的诚信性、模态的客观性恰恰可以达到促解增信功能。与A 的语义类型相反或者不同的形容词或者不能作为说讲类接续语，或者改变搭配形式进入句首位置。

通过对句首"A（地/的）V"话语类型、语法性质、语义类型和话语功能的研究，可以清楚看到：A 的语义类型决定了其作为话语标记的句法位置，与 A 相反或不同的语义类型或不能进入句首句法位置，或者改变话语标记类型进入句首句法位置，这又从句法位置角度折射出句法位置对 A 语义类型及其接续语类型（促解增信类"A 的说"还是焦点类"A 的是"）的选择性和约束性。而为什么只有"A 的说"只有四种语义类型呢？这需要从"A 的说"作为启动性接续语所反映的说话者主观意愿这一认知角度做出解释，即说话人总是希望自己的讲话内容能易于听话者理解并相信其真实性，即起到促解增信的功能，这一说话者主观意愿所驱动的话语功从语用角度对 A 的四种语义类型做出了选择。可以说，语义的决定性、句法的约束性、语用的选择性和认知的解释性成为验证语义语法理论合理性的四块基石。

9.4　焦点性接续语"X 的是"

从话语层面看，句子与句子之间的话语关联对接续语的性质和功能具有一定的制约性。而从句法层面看，接续语与其后命题之间的句法语义关系则决定接续语的语义关系和语义类型，即哪些词语可以与某一标记组合形成某一类型的接续语，哪些词语不能与该标记组合形成接续语。

本文试图对接续语"X 的是"的性质功能、话语关联、语义关系及其语义类型进行深入研究，例如：

（34）这个孩子刚一生下来就会说话。不过令人恐怖的是，他喊谁，谁必当毙命。

（35）奥姆真理教是什么组织？尤其值得思考的是，日本为什么会发生这类事件？

（36）前人的技法是从实践中得到的，因此，最重要的是，自己要多画写生。

前人分别从话语分析（冯光武 2004；祁峰 2011）、关联理论（李丽娟 2010）、功能语法（陈景元、周国光 2009）、语法化（方清明 2012）等角度对相关问题做了较为细致的考察，取得了一定的成果，但仍存在着以下几个方面的争议：

一是对"X 的是"性质功能认定尚存争论。冯光武（2004）将其界定为话题标记语（topic-related markers）和评价性标记语（self-assessment markers），而董育宁（2007）、席建国、刘冰（2008）认为只是评价性标记语，陈景元、周国光（2009）认为是主位评价结构，具有评价功能（情感型、判断型和鉴赏型），而"评价"一词如方清明（2012）所言："未免太过宽泛"，祁峰（2011）将其看作"焦点标记"，确实点明了本质，而其把"我能告诉大家的是"看作话题标记语（topic-related markers）而非焦点标记是不妥的，另外其仅根据"是"这一典型焦点标记就确定整个"X 的是"的焦点性，论证稍显单薄，可从话语关联以及句法语义角度验证"X 的是"的焦点性。

二是对"X 的是"前的同现词的描写分类较多，缺乏系统性和解释力。陈景元、周国光（2009）认为程度副词增加评价的量级，连词协助实现语篇衔接功能；李丽娟（2010：19—24、26）提出了连词凸显了转折关系、递进关系和对照关系，明示小句逻辑关系；祁峰（2011）则认为连词具有标记转折关系和递进关系的逻辑关联功能。可惜的是，他们都没有对这些话语关联进行细致地科学分类并藉此来解释"X 的是"的性质。

三是对"X 的是"的形式构成陷入因形式而分类，缺乏意义基础。李丽娟（2010：11—14）分成了简单形式（单个形容词、单个动词和固定短语）和复杂形式（带程度副词、值得类、能愿动词类、使令类等），祁峰（2011）将其归纳为单个形容词、状中式偏正短语、兼语短语和动宾短语，而方清明（2012）则归纳为"让令"类短语、"更"类短语和"值得/需要"类短语三类。但这些形式描述和分类本应该为意义分类和解释为旨归的，但都没有与其话语关联及其语义关系、语义类型分类联系起来。

以语义语法为理论基础，以北京大学中国语言学研究中心的 CCL 网络版语料库为调查对象和语料来源，遵循从话语到句法再到语义的分析程序，围绕"X 的是"性质功能将话语关联、句法语义和语义类型联系起来形成一个系统，以期解决以下问题：第一，如何界定"X 的是"的标记焦点功能？采用什么程序来验证焦点标记功能？第二，"X 的是"的前后句子之间的话语关联与焦点标记功能之间存在着什么制约关系？第三，"X 的是"与其标记命题之间具有语义关系？这一关系导致接续语具有什么语义特征？第四，"X 的是"具有几种语义类型？如何验证并辨析该分类的合理性和科学性？

9.4.1 "X的是"的标记焦点功能

根据语料库的调查，从句法环境看，接续语"X的是"在与标记命题产生句法语义关系的同时，还与之组合跟前面的句子产生话语关联。从性质功能上看，与其他类接续语不同，"X的是"作为接续语与后续命题之间存在着话语层面的标记（marker）与焦点（focus）关系，即"X的是"是焦点标记（focus marker，FM），具有标记焦点功能，其标记的命题则是焦点命题（focus proposition，FP），二者组合形成焦点句（focus sentence，FS）。由于焦点（focus）是与背景（background）相对而言的话语功能概念，因此，焦点句、特别是带有焦点话语标记的焦点句通常会有相应的背景句（background sentence，BS）（Brunetti，2009），这样就可以通过下表所列出的分析模式清晰地勾勒出"X的是"的话语关联：

表9-3 焦点接续语"X的是"的话语关联

焦点接续语"X的是"的话语关联		
背景句（BS）	焦点句（FS）	
	焦点标记（FM）	焦点命题（FP）
a. 她的两个儿子体弱多病，	更使她伤心的是，	两个女儿也患了慢性病。
b. 美欧之间还会再讨价还价，	不过可以肯定的是，	如果"新大西洋共同体"建成，它将增强美欧间的协调能力。
c. 青壮年文盲率高达21.63%，	更严重的是，	新文盲仍在不断产生。

那么，什么是焦点？如何证明"X的是"具有标记焦点功能

呢？根据徐烈炯、刘丹青（1998：94）的观点："焦点（focus）在本质上则是一个话语功能的概念，它是说话人最想让听话人注意的部分"。焦点在话语中具有"对比"作用，在句子中具有"突出"作用。就"X的是"来说，其焦点功能无论在标记形式、话语关联还是句法语义关系上都可以得到证明。

祁峰（2011：111）曾从标记形式根据"'是'是学界公认的典型的焦点标记"，提出"'X的是'这一结构整体上可视为焦点标记"。这确实抓住了"X的是"的本质，不过，从现实语料（37）来看，接续语"X的是"的"是"甚至"的是"的脱落已初现端倪①，如下例所示：

(37) a. 近年来翻译外国文学作品，缺乏选择，缺乏规划。还值得注意的【是】，有些科幻作品，不启发青年学习科学，甚至违反科学。

b. 枪炮弹药所余无几，车辆用的汽油简直没有了。最糟糕的【是】，水的供应最多只能再维持二十四小时。

c. 三十四年经济增长确实衍生一系列有待解决的问题，但应该相信【的是】，再给中国二十年和平时间，这些问题应该能够获得有序解决。

d. 我已经筋疲力尽，不过很幸运【的是】，我这样开车仍然活着。

这样的话，随着标记形式的脱落，单从形式上去论证或识别其焦点功能就变得越来越靠不住，因此，根据语义语法的理论，可以从外在的话语分布角度通过分析背景句（BS）与焦点句（FS）之间的话语关联来揭示"X的是"所受到的话语约束，还可以从内部的句法关系角度通过剖析焦点标记（FM）与焦点命题（FP）之间

---

① 方清明（2012）曾认为话语标记"X的是"是有标化的过程，从语言发展的角度看，标记词的脱落而导致的无标化可能会证明刘丹青（2009：202—228）的无标化解释。

的语义关系来验证其焦点功能，从而勾勒出接续语"X 的是"的话语分布和句法语义。

9.4.2 "X 的是"的四种话语关联

陈景元、周国光（2009）、李丽娟（2010）和祁峰（2011）注意到了"X 的是"前高频出现的程度副词和连词现象，只分析了其语篇衔接功能或逻辑关联功能，却没有基于语料库全面考察背景句和焦点句之间的不同话语关联，更没有解释话语关联与话语标记的焦点功能之间的制约性。根据对 CCL 语料库的调查，可以发现，背景句和带有"X 的是"话语标记的焦点句之间存在着转折、递进、追补和因果四种话语关联。

1. 转折性话语关联

语料库调查发现，接续语"X 的是"前经常出现"然而、不过、但、但是、可、可是、而、相反"等转折性词语，"X 的"与"是"之间则出现"却、倒、只"等转折副词，它们清楚地标明了背景句与焦点句之间存在的典型转折关系。如：

(38) a. 李君对于商业和"艺术"之间的"两难"，是很发了一通感慨的。不过，唯一使我诧异的倒是，李君居然把流行通俗音乐当成艺术了！

b. 笔者并不相信美国宪法是"人类大脑所设计的最好的制度"，但无可否认的是，正是这部宪法，保证了美国基本上用和平和渐进的办法解决了种族问题。

c. 审查儿年，心中的恋人，那位美丽的藏族姑娘已悄然离去。而更主要的是，他被耽误了整整 5 年的黄金创作年华。

2. 递进性话语关联

接续语"X 的是"前通常伴随"更、更加、更为、尤、尤其、尤为、最、最为、很、特别、非常、相当、十分、万分、颇、颇为、甚至、比较、完全、稍稍、格外"等程度副词和连词"而且",另外,"X 的"与"是"之间可插入"就、则、便"等副词,标示着背景句与焦点句之间的递进关系。如：

(39)a. 我们看到她的手臂上遍布烟头的烫痕,更令人痛心的是,左手手背的烫伤几乎占去了1/2。

　　b. 装有这种空调器的家庭,真可谓"四季如春"了。尤其　应该指出的是,那时空调器的制冷效率将大幅度提高。

　　c. 叛军的汽车正在向这里开来,一分一秒都性命攸关。而且,更糟糕的是,车子居然发动不起来。

3. 追补性话语关联

接续语"X 的是"前也常伴随着表追补关系的"同样、另外、仍、还、还有"词语,显示出背景句与焦点句之间的追补关系。

(40)a. 用的是自己的真实姓名,使他深感欣慰。　还有,让他满意的是,他的薪水规定每月二十块美元。

　　b. 日本的年轻人对南京大屠杀十分茫然,同样值得注意的是,他们往往只知有广岛、长崎的原子弹爆炸。

　　c. 为什么他是唯一的幸存者? 另外,更重要的是,为什么他会与其堂兄弟相见?

4. 因果性话语关联

接续语"X 的是"前也可以出现表因果性话语关联的连词,如：因而、因此、所以、故此、因为等。

(41)a. 动物本能还极少被观察过,所以使我感到惊异的是,最复杂本能所赖以完成的诸级能够广泛的被发见。

b. 左宗棠首创福建船政，对此道不能说他是外行；因此可以预见的是，将来创办新式海军，左宗棠决不容北洋单独掌权。

c. 各教区为了金钱上的利益都要把本教区居住的农业工人的人数限制在最低限度之内；因为不幸的是，农业劳动并不能保证劳苦的工人维持永久可靠的独立地位。

从使用频次来看，四种话语关联按照"转折关系＞递进关系＞追补关系＞因果关系"的顺序依次递降。从话语兼容角度看，转折关系和因果关系是对立的，但它们都可以与递进关系和追补关系兼容，如转折＋递进的（42）a、转折＋追补的（42）b、因果＋递进（42）c：

（42）a. 大坝决口已成定局。然而，更加严峻的是，大坝上到处都是抢险的群众。

b. 投机活动有利于稀缺资源的优化配置。然而同样正确的是，证券市场的不完全性决定了股价并不能经常反映公司的盈利水平。

c. 由于营销工作灵活性大，导致"自检"很难坚持，因而我们更重要的是，自觉地置身于监督机制中。

无论是转折、递进、追补还是因果，这四种话语关联都是以一定的对比为基础的，这恰恰符合徐烈炯、刘丹青（1998：94）基于话语的对比性而对焦点的定义，其共同特征就是逻辑上的前偏后正和表意上的前轻后重，即前句是作为偏者和轻者的背景句，后句则是作为说话者凸显的表意重心，即包含接续语"X的是"的焦点句。

总的说来，包含"X的是"的后句通常会作为焦点句与作为背景句的前句构成四种话语关联，背景句和焦点句之间的这四种话语关联从外在话语关联上制约着"X的是"的话语分布。一般而言，

"X的是"主要进入到基于对比的四种话语关联中焦点句，而很难进入到其他类型的话语关联的后句中，以择优关系(43)a和假设关系(43)b为例，插入接续语"X的是"都是不合法的，如：

(43)a. *你与其让她出家为尼，还不如，正确的是，试着把她许嫁与他吧。

b. *如果你不开口讲话，那么，令人伤心的是，我们这些弟子们就得不到教益了。

这从反面说明了，遵循前偏后正和前轻后重的四种话语关联在话语层面对"X的是"的分布及其所从属的焦点句的分布都具有了一定的制约性。

9.4.3 "X的是"的句法语义关系

除了话语层面的四种话语关联对接续语"X的是"的焦点句分布具有一定的制约性以外，从根本上说，决定"X的是"具有标记焦点功能的内因则是其作为话语标记与标记命题之间的句法上的主谓宾关系以及语义上的受动与施动的果因关系。

从句法关系上看，"X的是"与标记命题之间属于主谓与宾语关系，标记命题是小句作宾语的命题宾语。一般而言，单个句子中的宾语往往是说话者要突出的新信息，而"焦点就是新信息"（胡建华2005：13—14），例如：

(44)a. 令人苦恼的是，两岸之间既没桥梁，也无舟船可渡。

b. 我们需要考虑的是，怎样把蛋糕做大一些，让大家都有吃。

c. 麻烦的是，没有合适的衣服让我穿。

从语义关系上看，标记命题则具有较强的施动性或引发性，而"X的是"的语义特征则表现为较强的受动性，在这个意义上，二者具有基于施受的诱发性因果关系，即话语命题所指事件是施动性诱因，引发话语标记所指的事件，整个焦点句（FS）就成了由结果性焦点标记来标记诱因性焦点命题的"结果－原因"式焦点句。这一因果关系可以简单地通过"X的是"或隐或显地存在着"使令动词"，如：使、叫、让、令等，这种施动关系可以通过（12）的变换来显示出来，如：

（45）a1. 使人焦虑的是，流浪儿队伍仍在扩大。

　　　a2. 流浪儿队伍仍在扩大使人焦虑。

　　　b1. 更令人注意的是，他们要强迫林肯离开白宫。

　　　b2. 他们要强迫林肯离开白宫更令人注意。

　　　c1. 令人感到荒唐的是，这位部长的小说获得了"金房子"奖。

　　　c2. 这位部长的小说获得了"金房子"奖令人感到荒唐。

　　由此可见，"X的是"是结果性焦点标记（FM），而话语命题则是诱因性焦点命题（FP），这种施受关系或诱发关系使焦点句（FS）成了由结果性"X的是"来标记诱因性焦点的释因性焦点句式。这从语义关系角度证明了"X的是"具有标记焦点的功能。

　　问题是，是不是任何一个词语都可以进入到"X的是"形成接续语并起到标记焦点的功能呢？并非如此，比如性格类形容词(46)a和态度类形容词(46)b很难进入到接续语"X的是"中而起到标记焦点命题的作用，否则，不合法。如：

（46)a1. ＊内向的是，他一句话都不说。

　　　a2. 气愤的是，他一句话都不说。

　　　b1. ＊诚恳的是，经理邀请我去他家做客。

　　　b2. 幸运的是，经理邀请我去他家做客。

　　为什么呢？一般说来，性格是一个人不需要外在事件的驱动而固有的属性，态度是一个人内心主动选取的属性，它们都不能进入到"使令结构"或"使令感知结构"中，如：*令人内向、*令人感到内向、*叫人诚恳、*叫人觉得诚恳等，而能够进入到"X的是"的往往是因外在事件诱发而产生的性质，有的是有因属性（如情感），有的是评价属性（如重要、幸运等，有的则是意向行为（讨论、注意等），那么，究竟哪些词语可以进入到"X的是"中形成焦点标记呢？换句话说，焦点标记"X的是"有几种语义类型呢？

9.4.4　"X的是"的语义类型及其验证方式

从语义关系上看，焦点标记"X的是"所指称的事件是由焦点命题所指称的事件诱发而做出的反应性结果，带有受动性语义特征，因此，这一基于施受的因果关系对焦点标记"X的是"的语义类型产生了直接的约束和筛选。根据 CCL 语料库的调查，可以发现，作为一种反应性结果，焦点标记"X的是"可以分成三种语义类型：情感激发型、言思促发型、评判引发型。

首先，情感激发型。说话者会把外在事件激发而产生的内在情感和迷惑倾诉出来（赵春利 2007），因此，这一情感和迷惑的抒发就带有较强的迫切性，主要分成两类：1）指称情感的形容词，如：懊悔、懊恼、悲哀、悲愤、不安、兴奋、气愤、遗憾、吃惊、恐惧、忧虑、焦虑、难过、苦恼、烦恼、沮丧、骄傲、失望、欣慰、欣喜、惊喜、高兴、惊讶、尴尬、焦急、着急等；2）指称迷惑的形容词，如：困惑、迷惑、疑惑、惶惑、着迷、迷茫、不解、费解、理解、难解等。

(47)a. 但使他们惊愕的是，每月月终的晚上看不到皎洁的月亮，一片漆黑。

b. 特别令人欣喜的是，连续 16 年，桓台县年年夺得大丰收。

c. 最让人困惑的是，当所有色彩的光混合在一起时，我们会看见白色。

d. 叫人费解的是，每当人们谈到一位公爵夫人，总要加一个"老"字。

冯光武（2004）、陈景元、周国光（2009）都曾从"评价性"角度界定情感激发型，但是情感形容词的本质属性不在于评价性，而在于亲验性和自明性（赵春利 2007），不需要评价而需要体验和抒发。

其次，言思引发型。说话者会因外在事件的促发而做出言语或思智上的反应，这一言语或思智的反应就带有较强的必要性。一般包括两类：1）言语活动，如：指出、提出、提到、提及、提倡、说到、强调、肯定、反对、提醒、否认、承认、解释、提醒、赞扬、称赞、推荐、宣传、交待、讨论、辩论、说明、探讨、一提等；2）思智活动，如：知道、明白、喜欢、希望、期待、关注、关心、注目、注重、重视、警惕、注意、认同、认清、留意、牢记、记忆、思考、预见、意料、预料、相信、敬仰、考虑、忽略、深思、料到、想到、看到、推断、容忍、忽视、想象等。

(48) a. 必须说明的是，学者并没有完全变狡猾，这一点我还有把握。

b. 可以解释的是，这是国际诈骗集团早就设定好的圈套。

c. 但值得思索的是，当年有关同志，积极参与了对《第二次握手》的收缴。

d. 不应该忽略的是，在凯瑟的作品中还存在美洲固有的印第安文化。

冯光武（2004）和祁峰（2011）曾把言思动词为主的类型归入话题标记语，尽管其确实标记话题，但这种界定过于宽泛，至少两点不妥：一是该类话语标记所处的前偏后正、前轻后重的话语关联制约着话题的焦点性；二是并非任何一个动词都可以进入到"X的是"中形成话语标记则说明了动词的语义特征对话语标记的类型具有限定性。

第三，评判促发型。说话者会从认知上评判外在事件所引发的不同外在感知，因此，感知评判也带有较强的紧要性。指称评判形容词主要包括四小类：1）紧要类，如重要、主要、根本、严重、严峻、首要、必要、紧要、要紧、要命、致命、关键、紧迫、紧急、迫切、危险等；2）奇趣类，如奇怪、有趣、可喜、可笑、好玩、怪、古怪、奇妙、特别、特殊、奇特、离奇、新奇、荒谬、荒唐、滑稽、反常、异常、平常、经常、一般、普遍等；3）异显类，如不同、相反、相对、相同、相称、相似、神似、类似、共同、不一样、明显、突出、醒目、典型等；4）幸惨类，如不幸、所幸、幸运、万幸、侥幸、有幸、可幸、庆幸、荣幸、惨、悲惨、残酷、残忍、糟糕、困难、麻烦、难办、复杂等。如：

(49) a. 最为重要的是，北海人已从当年的房地产热中清醒过来。

b. 奇怪的是，经济的萧条似乎并没有影响美国戏剧的生存。

c. 不同的是，今年代表们感到目标更明确。

d. 更糟糕的是，他们根本不知道要怎么样逃出去。

总的说来，无论是情感抒发的迫切性、言思反应的必要性及其感知评判的紧要性，都是焦点标记【受动性】语义特征的具体体现。从词性上看，尽管情感激发型的 X 以情感类形容词为主，但也有：激动人心、惊心动魄、骇人听闻、百思不得其解等形式，言思引发型的 X 以言语和思智类动词为主，但也有：确凿无疑、不谋而合、不言自明、众所周知、鲜为人知、印象深刻等形式，评判促发型的 X 则以评判形容词为主，但也有：习以为常、不足为奇、饶有兴趣、不同凡响、形成对比、独具特色等形式。无论是什么形式，其基于概念意义的语义类型基本上都可以归入上述三种类型中。

9.4.5 "X的是"语义类型的验证方式

首先，对比差异反证法。并非任何一类形容词或动词都可以进入到"X的是"中形成焦点标记，除了情感类形容词、评判类形容词和言思类动词以外，其他形容词和动词一般不能形成焦点性的话语标记。这一点可通过比较情感形容词与体质形容词(50)a、言思动词与肢体动词(50)b、评判形容词与维度形容词(50)c 看出来，如：

(50)a1. 遗憾的是，她的腿部长出了过多的肌肉。
　　a2. *强壮的是，她的腿部长出了过多的肌肉。
　　b1. 可以肯定的是，生姜具有显著的防皮肤癌的作用。
　　b2. *可以击打的是，生姜具有显著的防皮肤癌的作用。
　　c1. 奇的是，儿时患疥疮留下了疤痕不见了。
　　c2. *小的是，儿时患疥疮留下了疤痕不见了。

可见，并非任何一个词都能进入"X的是"形成焦点标记，从句法角度来看，就是指"X的是"选择一定的形容词和动词的词类次范畴具而排斥其他词类次范畴，究其原因在于：进入到"X的是"的词语能在句法上带焦点命题宾语，并在语义上形成反应性结果与诱发性原因的果因关系。

其次，使令结构检测法。使令结构主要包括两种基本形式：（Ⅰ式）"令＋人＋X＋的＋是＋FP"；（Ⅱ式）"令＋人＋感到＋X＋的＋是＋FP"。从语料库调查来看，三种语义类型对这两种使令形式的适用度并不相同。情惑激发型(51)a对两种使令结构都适应，但以（Ⅰ式）为典型句法形式；言思引发型(51)b 和评判促发型(51) c 都极少使用使令结构，只是言思引发型有几个可进入到（Ⅰ式）中，评判促发型有几个可进入到（Ⅱ式）中。使令结构可以将情感激发型与其他两类区分开来，如：

(51) aⅠ. 令人惊奇（X）的是，老鼠能对付核辐射（FP）。

　　　aⅡ. 令人感到惊奇（X）的是，老鼠能对付核辐射（FP）。

　　　bⅠ. 令人关注（X）的是，老鼠能对付核辐射（FP）。

　　　bⅡ. ＊令人感到关注（X）的是，老鼠能对付核辐射（FP）。

　　　cⅠ. ＊令人滑稽（X）的是，老鼠能对付核辐射（FP）。

　　　cⅡ. 令人感到滑稽（X）的是，老鼠能对付核辐射（FP）。

为什么会出现这种差异呢？通过等值对比就可以发现，情感激发型的"惊奇"无论在Ⅰ式还是Ⅱ式中，其语义都指向"人"而不是"FP"，而言思引发型的"关注"则只能指向"人"而不是"FP"，评判促发型的"滑稽"则只能指向"FP"而不是"人"。

第三，词性检测分类法。言思引发型(52)b 的 X 一般都是动词，其前经常出现"可以、应该、应当、必须、需要、要、值得"等情态动词，这恰恰体现了言思引发型的必要性。而情感激发型(52)a 和评判促发型(52)c 的 X 都是形容词，一般不能与情态动词同现。如：

(52) a. ＊必须激动的是，他们击退了那污染整个大地的邪恶力量。

　　　b. 可以告慰的是，他们击退了那污染整片大地的邪恶力量。

　　　c. ＊应该重要的是，他们击退了那污染整片大地的邪恶力量。

与此相关的是，言思引发型的动词一般都可以带受事宾语，从句法关系看，焦点命题就是动词的宾语，而在焦点标记中经常出现施事主语，如：

（53）我们必须指出的是，西藏最大的变化就是改变了旧西藏的政教合一。

无论从话语关联角度还是句法语义角度，"X的是"的性质功能及其所属的焦点句的分布都受到了其话语关联和句法语义的制约，其语用功能可归结为：说话者提请听话者聚焦"X的是"所标记的命题焦点，即聚焦诱发说话者做出情感、言思和评判等反应的原因，简称提请聚焦功能。

焦点标记的聚焦功能受制于其所处的话语关联、句法关系及其语义类型，如图9－2所示：

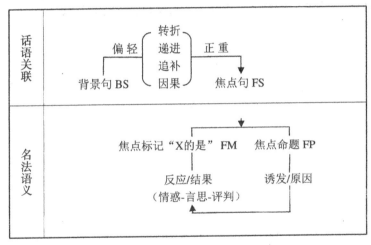

图9－2 "X的是"的话语关联和句法语义

根据语义语法理论，语义对句法具有决定性。什么样的词语能否进入到"X的是"中形成话语标记决定于词语的语义（情感、言思和评判）；而进入到"X的是"中的词语所形成的话语标记是否是焦点标记、其标记的命题是否是焦点命题则决定于话语标记与标记命题之间的语义关系（受动—施动性果因关系），而包含焦点标记的焦点句与背景句之间的关系则决定于二者之间的四种话语关联。反过来说，句法对语义也具有选择性，"X 的是"这一句法位置的焦点性只会选择一部分语义的词语而排斥其他语义的词语。语义语法理论就是要揭示句法和语义之间的双向制约关系。

语义语法在研究一种接续语的性质时，不仅要从话语层面研究其所附属的句子与前后句子之间的话语关联，也要从句法层面研究其与所续接的句子之间的句法语义关系，还要从语义层面深入分析进入该接续语的语义类型，并运用句法、词汇、对比等手段验证语义分类的合理性和科学性。情感激发型、评判促发型对不同类型形容词的选择以及言思引发型对某类动词的选择可以看出，语义类型的分类与词类分类及其句法分布之间存在着一定的关联性。

第十章　结　论

本研究以作为普通语言学的系统功能语言学为理论基础，研究客体则是现代汉语这一客观语言现象。根据功能语言学的观点，语言之所以呈现当前的面貌，与其所实现的功能密切相关。我们可以从语言发展的轨迹中寻找语言的功能，同样，语言的功能也可以折射出语言发展的轨迹。因而，语言的意义存在于语言形式所承载的功能，而语言研究的核心则是语言的意义。

本文首先探讨了作为普通语言学的系统功能语言学对汉语语法研究的适用性，历时性地梳理了系统功能语言学与汉语研究的关系，包括 Halliday 早期汉语研究中的系统功能思想，功能理论对汉语音韵和与汉语语法的应用研究，以及功能理论对汉语语篇、教学和失语症的研究。并对语言的角色构建从语境、意义和词汇语法三个层面进行了简略的功能阐释，阐明了本文的语料来源和研究方法、研究目的和研究意义以及需要解决的问题。

第二章探讨了汉语的书写单位、语音单位和语法单位，作者指出，汉语语法研究应以小句为研究基本单位，有必要对句子和小句进行区分。句子是基于书面语标点符号的书写单位，而小句是表达一个命题的语法单位，上可以组成复杂小句，下可以分为词组或短语。

第三章主要为概念辨析，界定人际功能为交际者的态度互动和信息互通，体现情景语境中的话语基调，包括交际双方或关系亲疏或权力平等与否的角色关系，在词汇语法层面则主要由语气系统、情态系统和评价系统实现。对比分析了不同学者对于 mood 和 modality 以及语气和情态这两组概念的异同，并在系统功能理论指导下构建了人际意义分析框架。

第四章和第五章讨论了汉语的语气系统，前者为汉语语气的横向结构组成，包括语气成分和剩余成分，后者为包含陈述语气、疑问语气和祈使语气的汉语语气系统。汉语语气体现形式多样，包括语气词、正反问、语调及一些固定句法结构。研究指出，汉语的主语在语气体现中的作用不大，但汉语中的极性应答属于语气结构，因为汉语的应答是针对说话者的态度而非命题本身。

第六章单独谈论了汉语的感叹语气，首先回顾了国内外从形式语言学到认知功能语言学对感叹句的研究，其次描述了汉语感叹句系统，构建了汉语标记性感叹句系统网络，指出了汉语感叹句的语法特征，并提出了感叹句的四个功能语义特征，即态度的赋予性、评价的主观性、经验的逆向性和程度的强烈性。

第七章讨论了汉语中的极性和情态。不同于与命题相关的英语极性，汉语极性与说话者态度相关，因而汉语对极性问句的应答与英语迥然相异。而情态研究表明，汉语中丰富的情态资源呈现出独有的特点，汉语情态助动词和情态副词之间是一个连续统，区分界限不很明显，而且情态连用非常普遍，通常是主观情态在前，客观情态在后。汉语情态的主观性表达较为明显，显示了汉语是主观化程度较高的语言。

第八章的汉语评价系统主要探讨汉语句末语气词系统，汉语语气词的主要功能并不是区分语气类型，更大程度上是其评估功能（assessment），即说话者通过语气词对小句的命题或建议表明态度和揭示说话者的介入程度。"吗"字句只是极性疑问句的一种体现方式，"的、吧、呢"体现说话者的情态介入功能，"啊、嘛"具有突出和强调的层级功能。

第九章讨论汉语接续语系统（话语标记），重点探讨了以"说、来说、说来、讲、来讲、告诉、而言、而论"等为动词核心的说讲类接续语以及焦点性接续语"X 的是"。指出，说讲类接续语与其后续句式是话语层面的话语投射与话语内容关系，需要从话语关系层面进行结构。同样，对焦点性接续语的研究也被置于背景句与由焦点标记和焦点命题构成的焦点句之间的话语关联中。

本研究的创新点可归纳为以下三点。首先，本研究选择语言的人际调节功能作为研究对象，希望就汉语语法的交流性特征给予系统研究，进而加深对汉语交际文化特点的认识。其次，本研究以作为普通语言学的系统功能语言学作为理论基础，对汉语进行本土化研究的尝试，以期为汉语研究从理论基础上注入新的活力。最后，从研究方法来看，本研究是基于语料库（北京大学的 CCL）的实证性研究，以期在客观、穷尽性的调查基础上得出相对科学的结论。

由于本研究是运用系统功能理论对汉语语法的一个尝试性研究，问题在所难免。首先，汉语中用以表达言语功能和态度的表现手段多种多样，包括语调、语气词、语气副词、叹词、呼语、接续语、情态动词和情态副词以及大量的态度词汇和如正反重叠等句法结构。本书所涉只是冰山一角，研究内容涉及语气、情态、语气词体现的评估和接续语。而且，就所研究的项目而言，每个项目的研究尚需进一步深入。其次，以上研究只是对体现人际意义的语法项目进行的独立、个体研究，而人际意义的分布特征却是韵律性，即弥漫性的分布于不同区域。

人际意义必须考虑这些因分析方便起见而被人为割裂开的语法项目之间的关系，因为它们是共同作用于语言交际的。把人为割裂的语法项目综合研究，探讨它们之间的互动关系，有助于我们更加宏观地把握这些语法项目在交际中的作用。而且把语法置于语篇环境之下，不仅会拓宽传统语法研究的视野，还可以帮助我们从一个全新的视角重新审视构建的语法系统。此外，语言的交际单位是语篇，而功能语法也是为语篇分析而首创。因此，我们有必要把语法项目置于语篇环境之下，探讨语篇构成对于这些语法项目的限制作用及这些语法项目对于语篇构成的作用，从交际语篇的角度来检验已构建语法系统的有效性。

从应用前景来看，本研究不仅有助于加深我们对汉语人际调节功能的认识，而且对于汉语教学，特别是对外汉语教学有所裨益。毕竟，学习外语的直接目的是用于交流，对语言交际性的认识可以最大程度地帮助语言学习者实现语言交际的成功。

参考文献

Anderson, G. 2001. *Pragmatic Markers and Sociolonguistic Variation.* Amsterdam: John Benjamins.

Andrew, Radford. 1988. *Transformational Grammar.* Cambridge: Cambridge University Press.

Beijer, F. 2002. The syntax and pragmatics of exclamations and other expressive/emotional utterances. The department of English in Lund: *Working Papers in Linguistics* (2).

Biber, D. , S. Johansson, G. Leech, S. Conrad and E. Finegan. 1999. *Longman Grammar of Spoken and Written English.* London: Longman.

Bloor, T. and M. Bloor. 1995. *The Functional Analysis of English: A Hallidayan Approach.* New York: St. Martain's Press.

Brunetti, L. 2009. Discourse functions of fronted foci in Italian and Spanish. In Andreas Dufter & Daniel Jacob (eds.) *Focus and Background in Romance languages.* Amsterdam: John Benjamins Publishing Company, p43 −81.

Bussmann H. 2000. *Routledge Dictionary of Language and Linguistics.* Beijing: Foreign Language Teaching and Research Press.

Cafferel, A. , J. R Martin and M. I. M Matthiessen. 2004. *Language Typology: A Functional Perspective.* Amsterdam/Philadelphia: John Benjamins Publishing Company.

Castroviejo Miró, E. 2006. *Wh-exclamatives in Catalan.* Universitat de Barcelona.

Chao, Y. R. 1968. *A Grammar of Spoken Chinese.* Berkley & Los Angeles: University of California Press.

Elliot, D. E. 1971. The grammar of emotive and exclamatory sentences in English. *Working Papers in Linguistics* (8).

Elliot, D. E. 1974. Toward a grammar of exclamations. *Foundations of Language* (11).

Fang, Y. (方琰) 2007. Constructing a harmonious world. *The Journal of English Studies* (4):43 – 50.

Fang, Y. (方琰), E. McDonald & M. S. Cheng. 1995. Subject and theme in Chinese: from clause to discourse. In R. Hasan & P. Fries (eds.), *Subject and Theme: A Discourse Functional Perspective.* Amsterdam: Benjamins. 235 – 273.

Fawcett, R. P. 1987. The semantics of clause and verb for relational processes in English [A]. In M. A. K. Halliday & R. P. Fawcett(eds.), *New Developments in Systemic Linguistics* [C]. London: Pinter. 130 – 183.

Fawcett, R. P. 2009. A semantic system network for MOOD in English. In Zhang J. Y., Y. Peng & W. He (eds) *Current issues in Systemic Functional Linguistics.* Beijing: Foreign Language Teaching and Research Press.

Firth, J. R. 1957. *Papers in Linguistics*: 1934 – 1951. London: Oxford University Press.

Fraser, B. 1996. Pragmatic Markers. *Pragmatics* (2).

Grimshaw, J. 1977. *English Wh-constructions and the Theory of Grammar.* University of Massachusetts.

Grimshaw, J. 1979. Complement selection and the lexicon. *Linguistic Inquiry* (10:2).

Halliday, M. A. K. 1956. Grammatical categories in modern Chinese. *Transactions of the Philological Society*. 177 – 224.

Halliday, M. A. K. 1959. *The Language of the Chinese " Secret History of the Mongols"*. Oxford: Blackwell.

Halliday, M. A. K. 1961. Categories of the theory of grammar. *Word* (17. 3): 241 – 292.

Halliday, M. A. K. 1973. *Explorations in the Functions of Language*. London: Edward Arnold.

Halliday, M. A. K. 1976. Grammatical Categories in Modern Chinese: an Early Sketch of the Theory. In G. R. Kress (Ed.). *Halliday: System and Function in Language*. London: Oxford University Press.

Halliday, M. A. K. 1978. *Language as Social Semiotic: A Social Interpretation of Meaning*. London: Edward Arnold.

Halliday, M. A. K. 1981. The origin and early development of Chinese phonological theory. In R. E. Asher & E. J. Henderson (eds.), *Towards a History of Phonetics*. Edinburgh: Edinburgh University Press.

Halliday, M. A. K. 1983. Systemic Background. In James D. B. and W. S. Greaves (eds) *Systemic Perspective on Discourse*, *Vol, I*. New Jersey: Ablex.

Halliday, M. A. K. 1984. Grammatical metaphor in English and Chinese. In B. Hong (ed.), *New Papers on Chinese Language Use* (*Contemporary China Papers* 18). Canberra: Contemporary China Centre, Australian National University. 9 – 18.

Halliday, M. A. K. 1985. *An Introduction to Functional Grammar*. London: Edward Arnold.

Halliday, M. A. K. 1992. A systemic interpretation of Peking

syllables. In P. Butt（ed.）, *Studies in Systemic Phonology*. London：
Pinter. 98 – 121.

Halliday,M. A. K. 1993. The analysis of scientific texts in English
and Chinese. In M. A. K. Halliday & J. R. Martin. *Writing Science*：
Literacy and Discursive Power. Pittsburgh：University of Pittsburgh Press.

Halliday,M. A. K. 1994. *An Introduction to Functional Grammar*.
London：Edward Arnold.

Halliday, M. A. K. 2006. Working with Meaning：Towards an
Appliable Linguistics. (Inaugural lecture to mark the official launch of
the Halliday Centre for Intelligent Applications of Language Studies at
City University of Hongkong on 26 March,2006).

Halliday, M. A. K. 2006/2007. *Studies in Chinese Language. The
Collected Works of M. A. K. Halliday Vol.* 8 (ed. J. Webster). London：
Continuum /北京:北京大学出版社.

Halliday,M. A. K & E. McDonald. 2004. Metafunctional profile of
the grammar of Chinese. In A. Cafferel, J. R Martin & C. M. I. M
Matthiessen (eds.), *Language Typology*：*A Functional Perspective*.
Amsterdam：Benjamins.

Halliday,M. A. K. 2007. *Computational and Quantitative Studies*. J.
J. Webster (ed). Beijing：Peking University Press.

Halliday,M. A. K. ,A. McIntosh & P. Strevens. 1964. *The linguistic
Sciences and Language Teaching*. London：Longman.

Halliday, M. A. K. and Hasan, R. 1985. *Language*, *Context and
Text*. Victoria：Deakin University Press.

Halliday,M. A. K. & R. Hasan. 1976. *Cohesion in English*. London：
Longman.

Halliday, M. A. K and E. McDonald. 2004. Metafunctional profile of the grammar of Chinese. In Cafferel, A. , J. R Martin and M. I. M Matthiessen. (eds.) *Language Typology : A Functional Perspective.*

Halliday, M. A. K. and M. I. M. Matthiessen. 1999. *Construing Experience through Meaning : A Language-based Approach to Cognition.* London/New York : Continuum.

Halliday, M. A. K and M. I. M. Matthiessen. 2004. *An Introduction to Functional Grammar.* London : Edward Arnold.

Hasan, R. 1995. The conception of context in text. In P. H. Fries & M. Gregory (eds.), *Discourse in Society : Systemic Functional Perspectives.* Norwood, NJ : Ablex. 183 – 283.

Huddleston, R and G. K Pullum. 2002. *The Cambridge Grammar of the English Language.* Cambridge : Cambridge University Press.

Huston, S. and G. Thompson. 2000. *Evaluation in Text : Authorial Stance and the Construction of Discourse.* Oxford : Oxford University Press.

Hu, Z. L. (胡壮麟) 1981. *Textual Cohesion in Chinese.* M. A. Thesis. University of Sydney.

Jucker, A. H. and Z. Yael. 1998. *Discourse Markers : Descriptions and Theory.* Amsterdam/Philadelphia : John Benjamins Publishing Company

Jespersen, O. 1924. *The Philosophy of Grammar.* London : George Allen & Unwin.

Leech, G and F. Svartvik. 1994. *A Communicative Grammar of English.* London/New York : Longman.

Li, E. S. H. 2007. *A Systemic Functional Grammar of Chinese.* London/New York : Continuum.

Long, R. J. (龙日金) 1981. *Transitivity in Chinese.* M. A. Thesis.

University of Sydney.

Lyons, J. 1977. *Semantics*. Cambridge: Cambridge University Press.

Malinowski, B. 1923. The Problem of Meaning in Primitive Languages. Supplement 1 in C. K. Ogden and I. A. Richards (eds.) *The Meaning of Meaning*. London: Kegan Paul.

Malinowski, B. 1935. *Coral Gardens and Their Magic*. Vol. 2. London: Allen and Unwin.

Martin, J. R. 1992. *English Text: System and Structure*. Amsterdam: John Benjamins Publishing Company.

Martin, J. R. 2000. Beyond Exchange: APPRAISAL Systems in English. In S. Huston and G. Thompson (eds.) *Evaluation in Text: Authorial Stance and the Construction of Discourse*. Oxford: Oxford University Press.

Martin, J. R. and D. Rose. 2003. *Working with Discourse: Meaning beyond the Clause*. London: Continuum.

Matthiessen, M. I. M. 1995. *Lexicogrammatical Cartography: English Systems*. Tokyo: International Language Sciences Publishers.

Matthiessen, M. I. M. 2002. Lexicogrammar in Discourse Development: Logogenetic Patterns of Wording. In G. W. Huang and Z. Y. Wang (eds.) *Discourse and Language Functions*. Beijing: Foreign Language Teaching and Research Press.

Matthiessen, C. M. I. M. & M. A. K. Halliday. 2009. *Systemic Functional Grammar: A First Step into the Theory*. (Translated by Huang, G. W & H. Y. Wang.) Beijing: Higher Education Press.

McDonald, E. 1992. Outline of functional grammar of Chinese for teaching purposes. *Language Sciences* (14. 4): 435 – 458.

McDonald, E. 1994. Completive verb compounds in modern Chinese: a new look at an old problem. *Journal of Chinese Linguistics* (22.2): 317 – 362.

McDonald, E. 1996. The "complement" in Chinese grammar: a functional reinterpretation. In R. Hasan, C. Cloran & D. R. Butt (eds.), *Functional Descriptions: From Theory to Practice*. Amsterdam: Benjamins.

McDonald, E. 2004. *Verb and clause in Chinese discourse: issues of consistency and functionality*. Journal of Chinese Linguistics (32.2.): 200 – 248.

McDonald, E. 2008. *Meaningful Arrangement: Exploring the Syntactic Description of Texts*. London: Equinox.

Michealis, L. and K. Lambrecht. 1996. The exclamative sentence type in English. *Conceptual Structure, Discourse and Language*. CSLI, Stanford.

Munaro, N. 2006. Verbless exclamatives across Romance. University of Venice: *Working Papers in Linguistics* vol. 16.

Ouyang, X. J. (欧阳小箐) 1986. *The Clause Complex in Chinese*. M. A. Thesis. University of Sydney.

Palmer, F. R. 1979. *Modality and the English Modals*. London and New York: Longman.

Palmer, F. R. 1986. *Mood and Modality*. Cambridge: Cambridge University Press.

Palmer, F. R. 1990. *Modality and the English Modals* (2nd edition). London and New York: Longman.

Palmer, F. R. 2001/2007. *Mood and Modality* (2nd edition). Cambridge: Cambridge University Press/北京: 世界图书出版公司.

Porter, P. and R. Zanuttini. 2000. The force of negation in WH – exclamatives and interrogatives. In Horn, L and Y. Kato (eds.) *Negation and Polarity: Syntactic and Semantic Perspective*. New York: Oxford University Press.

Porter, P. and R. Zanuttini. 2006. The semantics of nominal exclamatives. In Chierchia, G. et al. (eds) *Ellipsis and Nonsentential Speech*. Springer Netherlands.

Quirk, R., S. Greenbaum, G. Leech, and J. Svartvik. 1972. *A Comprehensive Grammar of the English Language*. London/New York: Longman.

Quirk, R., S. Greenbaum, G. Leech, and J. Svartvik. 1985. *A Comprehensive Grammar of the English Language*. London/New York: Longman.

Ramsey, S. R. 1987. *The Language of China*. Princeton, New Jersey: Princeton University Press.

Richards, J. C., J. Platt and H. Platt. 2000. *Longman Dictionary of Language Teaching & Applied Linguistics*. Beijing: Foreign Language Teaching and Research Press.

Robins, R. H. 2000. *General Linguistics*. Beijing: Foreign Language Teaching and Research Press.

Schiffrin. D. 1987. *Discourse Markers*. Cambridge: Cambridge University Press.

Shum, M. S. K, 2003. *The Functions of Language and the Teaching of Chinese: Application of Systemic Functional Linguistics to Chinese Language Education*. Hong Kong: Hong Kong University Press.

Thibault, P. J. 2002. Interpersonal Meaning and the Discursive

Construction of Action, Attitudes and Values: The Global Model Program of One Text. In P. H. Fries et al (eds.) *Relations and Functions Within and Around Language*. London: Continuum.

Thomas, J. and M. Short. 2001. *Using Corpora for Language Research*. Beijing: Foreign Language Teaching and Research Press.

Thompson, G. 1996. *Introducing Functional Grammar*. London: Edward Arnold.

Ventola, E. 1987. *The Structure of Social Interaction: A Systemic Approach to the Semiotics Service Encounters*. London: Frances Pinter.

Von Wright, G. H. 1951. *An Essay in Modal Logic*. Amsterdam: North – Holland.

White, P. 2002. Appraisal. In J. Verschueren et al. (eds.) *Handbook of Pragmatics*. Amsterdam: John Benjamins Publishing Company.

White, P. 2003. Beyond Modality and Hedging: A Dialogic View of the Language of Intersubjective Stance. *Text* (2).

Zanuttini, R. and P. Porter. 2000. The characterization of exclamative clauses in Paduan. *Language* (76, 1).

Zanuttini, R. and P. Porter. 2003. Exclamative clauses: at the syntax – semantic interface. *Language* (79, 1).

Zhang, D. L. 1991. Role Relationships and Their Realization in Mood and Modality. *Text* (2).

Zhang, D. L. 2009. Some characteristics of Chinese mood system. In Zhang J. Y et al (eds) *Current issues in Systemic Functional Linguistics*.

Zhang J. Y et al. 2009. *Current issues in Systemic Functional Linguistics*. Beijing: Foreign Language Teaching and Research Press.

Zhou, X. K. (周晓康) 1997. *Material and Relational Transitivity in Mandarin Chinese*. Ph. D. Thesis. University of Melbourne.

Zhu, Y. S. (朱永生) 1985. *Modality and Modulation in English and Chinese*. M. A. Honours Thesis. University of Sydney.

Zhu, Yong – sheng. 1996. Modality and modulation in Chinese. In Berry. M et al (eds) *Meaning and form: systemic functional interpretations* Norwood, New Jersey: Ablex Publishing Corporation.

Viviance Alleton 王秀丽译, 1992, 《现代汉语中的感叹语气》, 《国外语言学》(4)。

艾晓霞, 1993, A Tentative Thematic Network in Chinese. 清华大学硕士学位论文。

北京大学中文系, 1955/1957 级语言班编, 1982, 《现代汉语虚词例释》, 北京: 商务印书馆。

蔡维天, 2010, 《谈汉语模态词的分布与诠释之对应关系》, 《中国语文》(3)。

常晨光, 2001, 《英语中的人际语法隐喻》, 《外语与外语教学》(7)。

陈景元、周国光, 2009, 《主位型评价结构"X 的是"及其评价功能》, 《社会科学论坛》(12)。

陈纯贤, 1979, 《句末"了"是语气助词吗》, 《语言教学与研究》(1)。

陈虎, 2007, 《基于语音库的汉语感叹句和感叹语调研究》, 《汉语学习》(5)。

陈虎, 2008, 《汉语无标记类感叹句语调研究》, 《语言教学与研究》(2)。

陈晓燕, 2006, 《会话结构: 对电子会话语篇的功能语言学解读》,《英语研究》(4):73-83。

陈晓燕,2007a,《电子会话语篇的会话结构解析》,《外语教学与研究》(5):338-344。

陈晓燕,2007b,《英汉社论语篇态度资源对比分析》,《外国语》(3):39-46。

陈旸,2010,《汉语典籍英译研究的功能语言学模式述评》,载黄国文、常晨光(主编),《功能语言学年度评论(第1辑)》,北京:高等教育出版社,115-137。

程美珍,1982,《关于"多(么)"在感叹句中作状语的问题》,《语言教学与研究》(2)。

董绍克、阎俊杰,1996,《汉语知识词典》,北京:警官教育出版社。

董育宁,2007,《新闻评论语篇的语用标记语》,《修辞学习》(5)。

杜道流,2003,《现代汉语感叹句研究》,安徽大学博士学位论文。

范继淹,1982,《是非问句的句法形式》,《中国语文》(6)。

范文芳,2007,《语言的人际功能与命题形式》,《外语研究》(4):31-35。

方清明,2012,《论现代汉语"XP的是,Y"有标格式》,《语言教学与研究》(1)。

方琰,1989,《试论汉语的主位述位结构》,《清华大学学报》(2):66-72。

方琰,1990/2008,《浅谈汉语的"主语":"主语"、"施事"、"主位"》,载胡壮麟(编),《语言系统与功能》,北京:北京大学出版社,48-56。

方琰,2001,《论汉语小句复合体的主位》,《外语研究》(2):56-58。

方琰、E. McDonald，2001，《论汉语小句的功能结构》，《外国语》（1）：42－46。

方琰、艾晓霞，1995，《汉语语篇主位进程结构分析》，《外语研究》（2）：20－24。

方琰、沈明波，1997，A functional trend in the study of Chinese，载胡壮麟、方琰（编），《功能语言学在中国的进展》，北京：清华大学出版社，1－14。

封小雅，2004，《插入成分汉英对比分析》，华中科技大学硕士学位论文。

冯光武，2004，《汉语语用标记语的语义、语用分析》，《现代外语》（1）。

傅瑛，2007，A Study of Transitivity System in Chinese Civil Courtroom Discourse. 华中师范大学硕士学位论文。

高书仁，1992，《论句群的插入语》，《湖北师范学院学报》（2）。

高名凯，1986，《汉语语法论》，北京：商务印书馆。

高璇、任宝茹，2009，《我的青春谁做主》，石家庄：花山文艺出版社。

关执印，2010，《功能语法影响下的交际法在对外汉语教学中的几点启示》，《赤峰学院学报》（1）：203－204。

郭琴，2008，《现代汉语插入语多角度考察》，华中师范大学硕士学位论文。

哈尔滨师范学院中文系现代汉语教研室编，1975，《现代汉语》，长春：黑龙江人民出版社。

何伟，2007，《英语时态论》，北京：高等教育出版社。

贺文丽，2004，《功能语篇分析在对外汉语教学中的运用》，

《云南师范大学学报》（4）：28 - 30。

贺阳，1992，《试论汉语书面语的语气系统》，《中国人民大学学报》（5）。

洪邦林，2008，"好（一）+ 量 + NP"结构浅议，《现代语文》（4）。

侯学超，1998，《现代汉语虚词词典》，北京：北京大学出版社。

胡建华，2005，《生成语法对焦点的研究》，载于徐烈炯、潘海华（主编），《焦点结构和意义的研究》，北京：外语教学与研究出版社。

胡明扬，1981，《北京话的语气助词和叹词》，《中国语文》（6）。

胡明扬，1988，《语气助词的语气意义》，《汉语学习》（6）。

胡裕树，1962/1979，《现代汉语》（修订本），上海：上海教育出版社。

胡裕树，2003，《现代汉语》（重订本），上海：上海教育出版社。

胡壮麟，1989，《语义功能与汉语的语序和词序》，《湖北大学学报》（4）：53 - 60。

胡壮麟，1990/2008，《小句与复句》，载胡壮麟（编），《语言系统与功能》，北京：北京大学出版社，124 - 135。

胡壮麟，1991，《王力与韩礼德》，《北京大学学报》（英语语言文学专刊）：49 - 57。

胡壮麟，1994a，《英汉疑问语气系统的多层次和多功能解释》，《外国语》（1）：1 - 7。

胡壮麟，1994b，《语篇的衔接与连贯》，上海：上海外语教育出版社。

胡壮麟，2000，《功能主义纵横谈》，北京：外语教学与研究出版社。

胡壮麟、朱永生、张德录，1989，《系统功能语法概论》，长沙：湖南教育出版社。

胡壮麟、朱永生、张德禄、李战子，2005，《系统功能语言学概论》，北京：北京大学出版社。

黄伯荣、廖序东，1988，《现代汉语》（下册），北京：高等教育出版社。

黄国文，2001，《语篇分析的理论与实践》，上海：上海外语教育出版社。

黄国文，2003，《英语语法结构的功能分析》，太原：山西教育出版社。

黄国文，2006，《翻译研究的语言学探索：古诗词英译本的语言学分析》，上海：上海外语教育出版社。

黄国文，2007a，《作为普通语言学的系统功能语言学》，《中国外语》（5）。

黄国文，2007b，《系统功能句法分析的目的和原则》，《外语学刊》（3）。

黄国文，2007c，《功能句法分析中的分级成分分析》，《四川外语学院学报》（6）。

黄国文、常晨光、戴凡，2006，《功能语言学与适用语言学》，广州：中山大学出版社。

黄国营，1986，《"吗"字句用法初探》，《语言研究》（2）。

江天，1980，《现代汉语语法通解》，沈阳：辽宁人民出版社。

琚长珍，2009，《汉语社论语篇的主位分析》，《安徽文学》（2）：296-297。

孔筝，2008，《现代汉语插入语简析》，四川师范大学硕士学位论文。

郎大地，1984，《名词非主谓式感叹句》，《语文教学与研究》
（6）。

李发根，2007，《人际意义与等效翻译》，南昌：江西人民出版
社。

李丽娟，2010，《现代汉语中"X 的是"类话语标记语研究》，
华中师范大学硕士学位论文。

李讷、安珊笛、张伯江，1998，《从话语角度论证语气词
"的"》，《中国语文》（2）。

李诗芳，2007，Interpersonal Meaning in Courtroom Discourse，东
北师范大学博士学位论文。

李铁范，2005，《感叹句研究综观》，《云南师范大学学报》
（4）。

李战子，2002，《话语的人际意义研究》，上海：上海外语教育
出版社。

李战子，2007，《〈语气与情态〉导读》，F. R. Palmer. Mood
and Modality，北京：世界图书出版公司。

李淑静，1990，《英汉疑问语气初探》，《北京大学学报（英语
语言文学专刊)》，74 - 81。

李淑静、胡壮麟，1990/2008，《语气和汉语疑问语气系统》，
载胡壮麟（编），《语言系统与功能》，北京：北京大学出版社。82
- 101。

李祥云，2009，《离婚诉讼话语中权力和亲密关系的性别解
读》，济南：山东大学出版社。

黎锦熙，1992，《新著国语文法》，北京：商务印书馆。

廖秋忠，1986，《现代汉语篇章中的连接成分》，《中国语文》

（6）。

　　刘丹青，2008，《语法调查研究手册》，上海：上海教育出版社。

　　刘丹青，2009，《重新分析的无标化解释》，载吴福祥、崔希亮（编）《语法化与语法研究》（四），北京：商务印书馆。

　　刘丽艳，2005，《自然口语中的话语标记》，浙江大学博士学位论文。

　　刘嵚，2008，《"我说"的语义演变及其主观化》，《语文研究》（3）。

　　刘亚男，2006，《现代汉语插入语研究》，东北师范大学硕士学位论文。

　　刘昱昕，2009，《现代汉语实情连接成分考察》，北京语言大学硕士学位论文。

　　刘月华、潘文娱、故韡，2001，《实用现代汉语语法》（增订本），北京：商务印书馆。

　　龙日金，1998，《汉语及物性中的范围研究》，载余渭深、李红、彭宣维（编），《语言的功能——系统、语用和认知》，重庆：重庆大学出版社，226 - 235。

　　龙涛、彭爽，2005，《语义功能语法——功能主义在中国的新发展》，《语文研究》（3）：10 - 16。

　　吕明臣，《汉语的情感指向和感叹句》，《汉语学习》，1998（6）。

　　吕叔湘，1982，《中国文法要略》，北京：商务印书馆。

　　吕叔湘，1999，《现代汉语八百词》，北京：商务印书馆。

　　吕叔湘，1990，《通过对比研究语法》，载杨自俭、李瑞华（编），《英汉对比研究论文集》，上海：上海外语教育出版社。

　　陆丹云，2009，《汉语 Tp 小句的语义潜势和语法构型》，《外国语文》（5）：18 –27。

陆俭明，1993，《八十年代中国语法研究》，北京：商务印书馆。

陆俭明，1984，《关于现代汉语里的疑问语气词》，《中国语文》（5）。

马建忠，1983，《马氏文通》，北京：商务印书馆。

马宁宁，2009，《话语标记语"老实说"的功能分析》，《现代语文》（10）。

马庆株，1992，《汉语动词和动词性结构》，北京：北京语言学院出版社。

马庆株，1997，《指人参与者角色关系趋向与汉语动词的一些小类》，载胡壮麟、方琰（编），《功能语言学在中国的进展》，北京：清华大学出版社，135 –143。

那润轩，1990，《英语与"说"有关的插入语》，《英语知识》（6）。

彭利贞，2007，《现代汉语情态研究》，北京：中国社会科学出版社。

彭望衡，1993，A thematic analysis of two Chinese essays. 载朱永生（编），《语言·语篇·语境》，北京：清华大学出版社，140 –157。

彭宣维，2000，《英汉语篇综合对比》，上海：上海外语教育出版社。

彭宣维，2004，《现代汉语及物性中的心理过程小句》，载北京人学外国语学院语言学研究所（编），《语言学研究》，北京：高等教育出版社，119 –130。

彭宣维，2007，导读。Halliday, M. A. K. 2006/2007. Studies in Chinese Language. The Collected Works of M. A. K. Halliday Vol. 8（ed.

J. Webster)，London：Continuum／北京：北京大学出版社。

祁峰，2011，《"X 的是"：从话语标记到焦点标记》，《汉语学习》(4)。

齐沪扬，2002，《语气词与语气系统》，合肥：安徽教育出版社。

邱闯仙，2010，《现代汉语插入语研究》，南开大学博士学位论文。

冉永平、沈毅、黄萍，1998，《英汉语的词汇衔接功能对比》，载余渭深、李红、彭宣维（编），《语言的功能——系统、语用和认知》，重庆：重庆大学出版社，218－225。

邵敬敏，1989，《语气词"呢"在疑问句中的作用》，《中国语文》(3)。

邵敬敏，1996，《现代汉语疑问句研究》，上海：华东师范大学出版社。

邵敬敏，2005，《"好"的话语功能及其虚化轨迹》，中国语文(5)。

邵敬敏，2007，《现代汉语通论》，上海：上海教育出版社。

申丹，1997，《有关功能文体学的几点思考》，《外国语》(5)。

申丹，2002，《功能文体学再思考》，《外语教学与研究》(3)。

沈开木，1987，《句段分析》，北京：语文出版社。

石毓智，2001，《汉语语法化的历程》，北京：北京大学出版社。

石毓智，2004，《汉语研究的类型学视野》，南昌：江西教育出版社。

石毓智，2004，《疑问和感叹之认知关系》，《外语研究》(6)。

石毓智，2006，《现代汉语疑问标记的感叹用法》，《汉语学报》(4)。

司红霞，2006，《"说"类插入语的主观性功能探析》，《语言文字应用》(2)。

司显柱,2007,《功能语言学与翻译研究》,北京:北京大学出版社。

孙汝建,1998,《语气和语气词研究》,上海师范大学博士学位论文。

王飞华,2005,《汉英语气系统对比研究》,华东师范大学博士学位论文。

王光和,2002,《汉语感叹句形式特点浅析》,《贵州大学学报》(5)。

王克非,2005,《双语对应语料库》,北京:外语教学与研究出版社。

王力,2000,《中国现代语法》,北京:商务印书馆。

王全智,2008,《小句复合体与复句的比对研究》,《外语与外语教学》(11):9-12。

王蕊,2010,《基于言语行为的"说"类标记语研究》,《云南师范大学学报》(5)。

王维贤、卢曼云,1981,《现代汉语语法》,杭州:浙江人民出版社。

王振华,2006,《"自首"的系统功能语言学视角》,《现代外语》(1):1-9。

王钟林,1978,《现代汉语语法》,呼和浩特:内蒙古人民出版社。

魏在江,2003,英汉语气隐喻对比研究,《外国语》(4):46-53。

魏在江,2008,《基于功能的英汉语情态隐喻对比研究》,《现代外语》(3):263-272。

魏在江,2009,情态与语篇连贯类型研究,《外语电化教学》(5):26-31。

翁玉莲，2007，《报刊新闻评论话语的功能语法分析》，福建师范大学博士学位论文。

吴克蓉，2008，《动词模式对失语症患者语篇意义及叙事能力的影响》，《深圳大学学报》（4）：120－123。

吴克蓉、王庭槐、邱卫红、陈少贞，2008，《流利型失语症患者名词词组的使用特征与命名能力的关系》，《中国实用神经疾病杂志》（8）：1－4。

吴亚欣、于国栋，2003，《话语标记语的元语用分析》，《外语教学》（4）。

席建国，2009，《英汉语用标记语意义功能认知研究》，杭州：浙江大学出版社。

席建国、刘冰，2008，语用标记语功能认知研究，《浙江大学学报》（4）。

夏日光，1998，《英汉词汇的照应与替代功能对比》，载余渭深、李红、彭宣维（编），《语言的功能——系统、语用和认知》，重庆：重庆大学出版社：209－217。

萧国政、吴振国，1989，《汉语法特点和汉民族心态》，《华中师范大学学报》（4）。

肖亚丽，2006，《现代汉语感叹句研究述评》，《广西社会科学》（12）。

辛斌，1998，《词汇重复与语篇连贯》，载余渭深、李红、彭宣维（编），《语言的功能——系统、语用和认知》，重庆：重庆大学出版社：302－309。

邢福义，1996《汉语语法学》，长春：东北师范大学出版社。

邢福义，2001，《汉语复句研究》，北京：商务印书馆。

许爱琼，1984，《感叹句与命题的逻辑关系》，《武汉师范学院学报》（4）。

许文龙，1993，《千姿百态的英语插入语》，《天津教育》（5）。

徐杰，1987，《句子的功能分类和相关标点的使用》，《汉语学习》（2）。

徐晶凝，1998，《关于语言功能和言语功能——兼谈汉语交际语法》，《北京大学学报》（6）：135－139。

徐晶凝，2003，《语气助词"吧"的情态解释》，《北京大学学报》（4）。

徐晶凝，2008，《现代汉语话语情态研究》，北京：昆仑出版社。

徐烈炯、刘丹青，1998，《话题的结构与功能》，上海：上海教育出版社。

徐素琴，2009，《实情连接成分的话语标记功能研究》，上海外国语大学硕士学位论文。

杨炳钧，2003，《英语非限定小句之系统功能语言学研究》，北京：外语教学与研究出版社。

杨才英，2007，《新闻访谈中的人际连贯研究》，青岛：中国海洋大学出版社。

杨才英、赵春利，2003，《王力与韩礼德汉语语气观比较研究》，《解放军外国语学院学报》（3）。

杨才英、赵春利，2013，《言说类话语标记的句法语义研究》，《汉语学报》（3）。

杨国文，2001a，《汉语态制中"复合态"的生成》，《中国语文》（5）：418－427。

杨国文，2001b，《汉语物质过程中"范围"成分和"目标"成分的区别》，《语言研究》（4）：8－17。

杨国文，2002，《汉语"被"字式在不同种类的过程中的使用情况考察》，《当代语言学》（1）：13–24。

杨念文，2007，《浅谈系统功能语法在汉语教学中的运用》，《科技信息》（13）：369–370。

杨永龙，2003，《句尾语气词"吗"的语法化过程》，《语言科学》（1）。

叶南薰原著、张中行修订，1985，《复指与插说》，上海：上海教育出版社（叶南薰，1958，《复说与插说》，新知识出版社）。

易查方，2007，《语气词"嘛"的表情功能分析》，《现代语文》（2）。

于建平、徐学萍，2005，《科技文摘的信息展开模式的研究》，《上海翻译》（4）：27–31。

余奕，2010，《"说"类插入语研究》：湖南师范大学硕士学位论文。

余渭深，2002，《汉英学术语类的标记性主位分析》，《外语与外语教学》（1）：8–18。

袁毓林，1993，《现代汉语祈使句研究》，北京：北京大学出版社。

曾立英，2005，《"我看"与"你看"的主观化》，《汉语学习》（2）。

张斌，2001，《现代汉语虚词词典》北京：商务印书馆。

张伯江、方梅，1996，《汉语功能语法研究》，南昌：江西教育出版社。

张成福、于光武，2003，《论汉语的传信表达》，《语言科学》（5）。

张德禄，1990/2008，《社会交流中的合意性与语法中的语气和情态》，载胡壮麟（编），《语言系统与功能》，北京：北京大学出版社：57 – 68。

张德禄，1997，《从文化与功能的角度解释汉语的语序》，载胡壮麟、方琰（编），《功能语言学在中国的进展》，北京：清华大学出版社：99 – 105。

张德禄，1998a，《人际意义在汉语小句中的组织形式》，载余渭深、李红、彭宣维（编），《语言的功能——系统、语用和认知》，重庆：重庆大学出版社：283 – 301。

张德禄，1998b，《话语基调的范围及其体现》，《外语教学与研究》（1）。

张德禄，1998c，《功能文体学》，济南：山东教育出版社。

张德禄，2005，《语言的功能与文体》，北京：高等教育出版社。

张德禄，2009a，《汉语语气系统的特点》，《外国语文》（5）：1 – 7。

张德禄，2009b，Some characteristics of Chinese Mood system，载张敬源、彭漪、何伟（主编），《系统功能语言学前沿动态》，北京：外语教学与研究出版社：91 – 116。

张德禄、苗兴伟、李学宁，2005，《功能语言学与外语教学》，北京：外语教学与研究出版社。

张登岐，1998，《独立成分的形式、位置等刍议》，《北京大学学报》（4）。

张璞，1992，《不定式短语作插入语荟萃》，《英语知识》（10）。

赵春利，2007，《情感形容词与名词同现的原则》，《中国语文》（2）。

赵春利，2012，《现代汉语形名组合研究》，广州：暨南大学出版社。

赵月朋，1980，《现代汉语语法》，郑州：河南人民出版社。

中国社会科学院语言研究所词典编辑室，1991，《现代汉语词典》，北京：商务印书馆。

中国语言学大辞典编委会，1991，《中国语言学大辞典》，南昌：江西教育出版社。

周晓康，1990/2008，《从及物性系统看汉语动词的语法——语义结构》，载胡壮麟（编），《语言系统与功能》，北京：北京大学出版社：102 – 118。

周晓康，1998，《带双重语义角色的汉语所属句》，载余渭深、李红、彭宣维（编），《语言的功能——系统、语用和认知》。重庆：重庆大学出版社：236 – 267。

周晓康，1999，《现代汉语物质过程小句的及物性系统》，《当代语言学》（3）：36 – 50。

周一民，1995，《现代汉语》，北京：北京师范大学出版社。

朱德熙，1998，《语法讲义》，北京：商务印书馆。

朱晓亚，1994，《现代汉语感叹句初探》，《徐州师范学院学报》（2）。

朱永生、郑立信、苗兴伟，2001，《英汉语篇衔接手段对比研究》，上海：上海外语教育出版社。

http://ccl. pku. edu. cn:8080/ccl_corpus

http://www. luweixmu. com/ec – corpus/queryc. asp

后　记

　　本书是我于 2008—2010 年在中山大学外国语言文学博士后流动站期间所进行的课题项目的继续和深化。在中山大学期间，我有幸受教于一直敬重的黄国文教授，有幸加入到中山大学的功能语言学团队，并因此有幸亲耳聆听到国际大师们的学术教诲。

　　我要感谢我的博士后合作导师黄国文教授，在与黄老师相处的时间里，我真切地感受到了黄老师那深邃的学术造诣、高尚的人格魅力、严谨的治学态度以及给予学生的那份温暖关怀和宽容大度。入校伊始，我就感动于黄老师无微不至的关心，他所给我的那份温暖使我从未感觉到远离家乡的孤独和无助。黄老师著作颇丰，学术活动也非常丰富，研究范围跨度句法、语篇和翻译研究，无论是大题目，还是小题目，于他都是游刃有余。他所指导的博士学生论文题目更是囊括了语音、句法、语篇、文体、翻译、教学等语言学研究的各个领域。我选择的是系统功能语言学对于汉语的研究，是黄老师高瞻远瞩地给予我理论上的指导和精辟、中肯的意见使我得以按时完成我的研究报告。他那严谨的治学态度与他那深邃的洞察能力，将使我终身受益。老师，您是引领我前进的一面旗帜，您是指引我学术之路的一盏明灯，您永远是我学习的榜样、追求的楷模。

　　学术研究是一项持续和传承的工作，我想对我的博士和硕士导师张德禄教授再次表示感谢，是您指引我走入了学术的殿堂，是您照亮了我前进的方向。难忘师恩，师恩永存于心。

　　感谢中山大学系统功能语言所的师兄、师姐、师弟和师妹们，我们组成的这个大家庭不仅在学术上相互切磋、彼此鼓励，更在生活中互相帮助，共同进步。心里永存着一起欢笑的日子，是你们让我感受到这个大家庭家一般的温暖。

感谢中山大学博管办以及外国语学院，你们为博士后提供了一个良好的工作平台，使我们能够在学术研究方面更上一层楼。

感谢博士后科学基金的资助（项目批准号：20080440802）和广东省哲学社会科学规划项目（项目批准号：GD10CWW05）基金的资助。感谢暨南远航计划（15JNYH002）的资助以及广东省哲学社会科学"十二五"规划2015年度学科共建项目（GD15XWW25）的资助。

感谢暨南大学外国语学院《暨南外语博士文库》的资助与出版，感谢世界图书出版广东公司对本书的出版。

最后，我要感谢我的家人对我的支持和帮助，丈夫赵春利一如既往地支持着我的学术之路，儿子赵言之总是在我疲劳之际送给我甜甜的微笑，融化了我的疲累和枯燥，感谢父母对我的养育之恩和教导之情。

杨才英

附录：

Abstract

Contextually, the interpersonal meaning is to realize speech roles and social roles. Lexico-grammatically, it is realized by such items as Mood, Modality, modal particles, modal adverbs, interjections, attitudinal words, continuatives and intonation. Language typology is one research application of SFL as well as discourse analysis, language teaching and translation study. This study focuses on the interpersonal meaning, that is, how people enact interpersonal relations through language in the society. The research questions that will be answered are as follows.

1. What are realizations of the interpersonal meaning in Chinese?

2. How will we identify Mood in Chinese?

3. What is the system of Chinese Modality?

4. What are continuatives? And what are their functions?

Methodologically, this study is deductive on the whole, from theory to practice. Specifically. it is inductive since we collect data from CCL (Center for Chinese Linguistics PKU), BNC (British National Corpus by Oxford University), and English-Chinese Parallel Corpus by Lu Wei in Xiamen University as well as such contemporary novels as *Jiehun Shi Nian*, *Fen dou*, *Wo de Qingchun Shui Zuo Zhu*. The introspective data are tested by more than ten Chinese native speakers.

This report is composed of nine chapters. The first chapter argues that systemic functional linguistics is appliable because of its general property. The second chapter discusses Chinese constituency, especially Chinese grammatical constituency and points out that clause is the basic unit for lexico-grammatical analysis. The third chapter presents a theoretical framework in terms of tenor, the interpersonal meaning and its lexico-grammatical realization. Chapter Four to Chapter Six describe Chinese Mood structure and system. It suggests that Subject functions little and there is no Finite in Chinese Mood. Exclamatives are supposed to be an independent clause type owing to its own syntactic and semantic features. Chapter Seven argues that Chinese polarity is Mood structure and Chinese modality tends to be more subjective. Chapter Eight considers interpersonal meanings of modal particles in terms of their context. It is found that modal particles mainly express the speakers' negotiation with the hearer and their engagement in the interaction. Chapter Nine presents a Chinese continuative system, which is composed of the textual and the interpersonal ones. The former suggests that the discourse continues and the latter shows the "intruding" of the interactor. The last chapter makes a conclusion of the project and lists the limitations and the possible trends.

It is concluded that Chinese is a more subjective language. Speakers always try to show their attitudes in the utterance so that the discourse becomes more negotiable and interactive. This property is expressed by modal particles and the series of modal verbs. The results can contribute to the study of language typology as well as computer linguistics. It can also be applied to Chinese discourse analysis, translation study and Chinese as a second language teaching. However, the study only concerns Mood, Modality, Assessment, and some continuatives. Such linguistic devices to realize the interpersonal meaning as intonation, vocatives, modal adverbs and interjections are not included. The concerned fields themselves need further study in both depth and detail.